Robert Forrer

Der Odilienberg

Seine vorgeschichtlichen Denkmäler und mittelalterlichen Baureste, seine

Geschichte und seine Legenden

Robert Forrer

Der Odilienberg
*Seine vorgeschichtlichen Denkmäler und mittelalterlichen Baureste, seine
Geschichte und seine Legenden*

ISBN/EAN: 9783742894472

Hergestellt in Europa, USA, Kanada, Australien, Japan

Cover: Foto ©Thomas Meinert / pixelio.de

Manufactured and distributed by brebook publishing software
(www.brebook.com)

Robert Forrer

Der Odilienberg

Der Odilienberg

seine vorgeschichtlichen Denkmäler
und mittelalterlichen Baureste, seine Geschichte
und seine Legenden

von

Dr. R. Forrer.

Mit 30 Abbildungen und einer Karte.

Strassburg.
Verlag von Karl J. Trübner.
1899.

Vorwort.

In der Krone schöner Berge, welche die Vogesen zieren, bildet der Odilienberg das Stirnjuwel. Weithin sichtbar ist er von jeher der besuchteste Ausflugsort im Elsass und als solcher auch weithin über die Landesgrenzen hinaus aufs beste bekannt. Er verdankt dies sowohl seinen natürlichen Schönheiten, seiner prächtigen Aussicht, seinen gigantischen Felsengebilden, als seinen vorzüglichen Weganlagen, seiner weit in die Vorzeit zurückgehenden Geschichte und den vielen Legenden, mit welchen der Berg seit alten Zeiten umwoben ist — er verdankt seinen Ruhm nicht zum geringsten auch seinen ebenso gewaltigen, wie hochmerkwürdigen vor- und frühhistorischen Bauwerken, welche seine Gipfel schmücken. Gerade jene Letztern sind es, welche mir Veranlassung gaben, allen Jenen, welche sich für diesen Berg und seine Geschichte interessieren, diese Schrift zu widmen.

Mein Büchlein ist indessen nicht für irgend eine besondere Klasse von Odilienbesuchern geschrieben; nach Möglichkeit habe ich versucht, es zu einer Monographie auszugestalten, die Jedem dienen kann. Mein „Odilienberg" möchte sowohl dem gläubigen Pilger den Weg nach St. Odilien weisen, wie ebenso dem erholungsbedürftigen Touristen, dem wissensdurstigen Archäologen und dem Erforscher mittelalterlicher Kunstdenkmäler; hoffentlich steckt selbst der Bergfex, der dorthin wandert, bloss „um droben gewesen zu sein", mein Buch nicht ungesehen in die Tasche!

Habe ich bei dieser Arbeit thunlichst neben altbe-
kannten Dingen auch Neues zu geben versucht, so
macht das Ganze natürlich trotzdem keinerlei Anspruch auf
eine erschöpfende Darstellung. Dazu bedürfte es eines
vielbändigen Werkes, eines ganzen Stabes von Spezialisten,
ausgedehnter längerer Vorarbeiten, topographischer Aufnahmen und weit umfassenderer Ausgrabungen, als dies
meine Zeit und eigenen Mittel bisanhin erlaubten. Ein
Historiker von Fach müsste den geschichtlichen Teil,
ein anderer Fachmann den der mittelalterlichen Archi-
tektur, ein Dritter die Vermessungen, ein Vierter die
Sagen, ein Fünfter die Legenden behandeln; andere
hätten die strategische Seite der Heidenmauer zu würdigen,
die alten Strassenzüge, Steinbruchwerkstätten u. s. w.
topographisch aufzunehmen. Hoffen wir, dass diese Arbeit
einmal zu Stande kommt! Vorläufig mag das vorliegende
Büchlein dazu eine Art Schema bilden.

Herzlichen Dank sei allen Jenen abgestattet, die
mich bei meiner Arbeit freundlichst unterstützten: Herrn
Klosterdirektor Abbé Caspar auf St. Odilien, der
meinen Anregungen mit grossem Eifer entgegenkam;
Herrn Prof. Dr. Julius Euting und Herrn Kunstmaler
C. Spindler, denen ich zahlreiche künstlerische Abbildungen verdanke, sowie Herrn W. Scheuermann,
der die Freundlichkeit hatte, den Aufstieg und die
ersten vier Kapitel zu übernehmen. Dankbar sei
hier aber auch der Thätigkeit des Vogesenclubs gedacht, der, überall wachend, Wege und Stege schaffend,
uns allen die Vogesen wunderbar erschliesst.

Strassburg, 1899.

Dr. R. Forrer.

Inhaltsverzeichnis.

Verzeichnis der Tafeln.

Die verschiedenen Arten des Aufstiegs.

A. Von der Station Oberehnheim aus.

1. Über Ottrott—St. Gorgon zum Kloster.

Von Oberehnheim auf der Landstrasse nach Ottrott (Omnibusverbindung. Taxe 40 ₰). Der Weg führt an der Villa Montbrison vorbei (s. S. 10). Von Oberehnheim bis Ottrott zu Fuss ³/₄ Stunden.

Empfehlenswerter ist der Weg am Ehenbächel. Vom Marktplatz in Oberehnhein geht man rechts ab durch die Kirchgasse, an der Pfarrkirche und den städtischen Anlagen vorbei, dann ein kurzes Stück auf der Landstrasse und links ab über die Ehen (Striche des V. C. rot-weiss). Prachtvoller schattiger Weg die Ehen aufwärts durch Erlengebüsch. Zahlreiche Ruheplätze. Nach 30—35 Minuten in Ottrott (rechts liegt St. Leonhard, s. S. 13).

In Ottrott am Marktplatz vorbei (überall Wegweiser) hinauf zum Odilienberg. Die Strasse dahin führt gerade aus an der Kirche vorbei, dann, oberhalb des Dorfes, links in den Fusspfad (bis oben weisse Striche des V. C.). Der Weg führt nach etwa 20 Minuten rechts an St. Gorgon vorbei (s. S. 28), dann, fortwährend im Schatten, sanft aufwärts, ungefähr parallel dem alten sog. „Römerweg". Nach etwa 45 Minuten wird rechts oberhalb die Heidenmauer sichtbar, die man kurz darauf durchschreitet. Dann Austritt auf die Grossmatt, und nach wenigen Minuten steilen Aufstieges erreicht man das Kloster.

2. Fahrstrasse über Ottrott—Klingenthal nach dem Kloster.

In Ottrott beim Wirtshaus Blanck gehe man rechts ab (Wegweiser), der Fahrstrasse nach, die in sanfter Steigung durch das schöne Klingenthal, nach etwa 2½ Stunden unterhalb der Ruine Birkenfels (s. S. 22) hindurch, an der St. Johannesquelle (vgl. Kap. VIII) vorbei, direkt aufs Kloster führt.

1

3. Über die Ottrotter Schlösser und den Elzberg. Hexenplatz, Hagelschloss, Dreysteine aufs Kloster.

In Ottrott gehe man am Marktplatz und am Bussiéreschen Schloss vorbei, bis sich rechts am Berge bei einem Brunnen der Fussweg nach den Ottrotter Schlössern abzweigt. (Wegweiser: bis oben rote Striche des V. C.) Der Weg ist im Sommer stellenweise etwas sonnig, aber sehr schön. (Ueber die Ottrotter Schlösser s. S. 16.) Dort das gastliche Forsthaus Scheidecker.

Von den Ottrotter Schlössern gelangt man in etwa 15 Minuten zum „Köpfel". Den nicht durch Wegweiser kenntlich gemachten Weg lasse man sich am Forsthaus Scheidecker weisen. Vom Köpfel (s. S. 18) prachtvoller Ausblick auf die Ottrotter Schlösser. Um zum Hagelschloss zu gelangen, folge man dem auf der Scheide liegenden Weg, der etwas unterhalb des Hagelschlosses auf den Odilienberg führt. Von dort aus Wegweiser zum Odilienkloster, vorbei am Stollhafenfels (s. S. 65).

Wer das Hagelschloss nicht besichtigen will, sich aber für den Hexenplatz interessiert, gehe von den Ottrotter Schlössern aufwärts zum Elzberg-Pavillon (rote Striche des V. C., Aussichtspavillon des Vogesenclubs) und von dort in 20 Minuten zum Hexenplatz (s. S. 67); von da auf breitem Wege hinüber nach dem Odilienberg und durch die dort stark zerstörte Heidenmauer, am Stollhafen (s. S. 65) vorbei nach dem Kloster.

4. Über Bernhardsweiler und St. Nabor oder St. Nikolaus zum Kloster.

Von Oberehnheim auf der Landstrasse nach Bernhardsweiler (s. S. 12, 30 Min.) nach St. Nabor (s. S. 12, 40 Min.). Von hier aus entweder den Fahrweg, an der St. Odilienquelle (s. S. 39) vorbei aufs Kloster. — Oder über St. Nikolaus und Niedermünster. Von St. Nabor beim Wegweiser links aufwärts, dem Pfad folgend, der auf eine Forststrasse führt; nach etwa einer Viertelstunde Brücke, dabei kleiner Wasserfall des Dachsbaches. Gleich hinter der Brücke nimmt man den rechts abzweigenden Waldpfad, der in einer Viertelstunde auf den Wiesenplan mit dem Kapellchen St. Nikolaus (s. S. 26) und den Ruinen von Niedermünster nebst dem angebauten Meierhof führt. Von hier aus aufwärts zur St. Odilienquelle (etwa 20 Min.) und von da in abermals 10 Minuten nach dem Kloster.

B. Von der Station Barr aus.

1. Über Heiligenstein, Truttenhausen, St. Jakob, Niedermünster, St. Odilienquelle, aufs Kloster.

Man geht von Barr auf der Landstrasse nach Heiligenstein (s. S. 14) 35 Minuten, von hier nach Truttenhausen 15 Minuten, von dort den Waldweg (rote Striche des V. C.) eine schwache halbe Stunde bis zur Wegteilung. Wegweiser; entweder rechts hinab nach Niedermünster, von dort über die St. Odilienquelle nach dem Kloster, oder links aufwärts (weisse Striche des V. C.) nach St. Jakob, das auf der Höhe liegt. Von dort entweder direkt nach dem Kloster (20 Min.) oder über Niedermünster und St. Nikolaus aufs Kloster (30 Min.).

2. Von Barr durch die Anlagen, über das Mönkalb nach Landsperg.

Man geht von der Strasse nach Heiligenstein 5 Minuten nach dem Austritt aus Barr links ab und folgt einem schönen breiten Weg durch die Anlagen von Barr, am Heringsdenkmal vorbei, hält sich im wesentlichen gradeaus und gelangt am Forsthaus Mönkalb und dem Pavillon des Vogesenclubs vorbei nach Ruine Landsperg (s. S. 20).

Von Landsperg entweder nach Truttenhausen (30 Min.) oder über den Wolfsthalbrunnen zur Odilienquelle (rote Striche des V. C.) oder vom Forsthaus Landsperg gerade aus in 10 Minuten zur Handschab, von da entweder direkt zum Männelstein und von da zum Kloster, oder den roten Strichen nach zum Kiosk Jadelot, dann über den Wachtstein zum Männelstein, von dort nach dem Kloster.

Um nach Birkenfels und Kagenfels zu gelangen, geht man vom Kloster nach der St. Johannisquelle und folgt von dort dem angegebenen Wege (rote Striche des V. C.); nach etwa 3/4 Stunden erreicht man Birkenfels (s. S. 22); von dort geht man, um nach Kagenfels zu gelangen, rechts auf dem Fahrweg nach Hohwald (Wegweiser), diesem folgt man (nicht dem links abzweigenden Fussweg Hohwald nachgehen!) bis er auf die Klingenthaler Strasse führt, dann diese abwärts, vom Holzplatz Kreuzweg zweigt sich ein Weg ab (Wegweiser), der in einer Viertelstunde nach Kagenfels führt (s. S. 22).

1*

I.

Geologie, Flora und Fauna am Odilienberge.

Während die südlichen Vogesen in ihren oberen Regionen meist aus krystallinischen Gesteinen bestehen, liegt in den Mittel- und Nordvogesen über diesen krystallinischen Schichten noch die alte Sandsteindecke. Die Grenze ist in nächster Nähe des Odilienberges: Mit dem Granitmassiv des Hochfelds und den zugehörigen Lagerungen des Barrer Thales hört der Granit auf. Von da ab beginnt das Gebiet des Buntsandsteins, den wir an den Gipfeln des Männelsteins, des Odilienberges, des Heidekopfes und aller nördlicheren Berge, z. B. auch des Hohbarrs zu Tage treten sehen. Daraus geht schon hervor, dass der Odilienberg als solcher keine eigene Geologie hat, sondern im Zusammenhang mit den übrigen Sandsteinvogesen zu betrachten ist.

Der rote Sandstein war zu allen Zeiten als Baumaterial hochgeschätzt. Aus ihm bestehen die Quadern der Heidenmauer und sämtliche profanen und religiösen Bauten am Berge, während wir südlich, im Gebiete des Granits, dieses letztere Gestein als Baumaterial verwendet finden, bei Andlau, an der Spesburg und den südlicheren Burgen Ortenberg, Ramstein u. s. w. Interessant ist der lockere bröckliche Granit, der am Mönkalb bei Barr als „Kies" zur Strassenbeschotterung gegraben wird, durch seine kugelförmigen Concretionen. Sammler seien auf einen Steinbruch bei St. Nabor aufmerksam gemacht, der charakteristische Versteinerungen des unteren Devons bietet, ferner auf die Kalkgerölle am neuen Weg von Barr nach Landsberg hinter den Barrer Anlagen, wo sich manche Doggerversteinerungen finden lassen.

Wildreichtum war stets ein Vorzug des Wasgen-
waldes. Schon das Nibelungenlied lässt den König
Gunther eine Jagd in den Vogesen veranstalten:

> „Nu wir der herverte ledec worden sin
> So wil ich jagen riten bern unde swin
> Hin ze dem Waskemwalde als ich vil dicke han."

und weiter, wo von der Jagdbeute die Rede ist:

> „Darnach schlug er schiere einen wisent unde elch
> Starker ure viere unde einen grimmen schelch."

Noch grösser ist das Wildverzeichnis, das der im
sechsten Jahrhundert in Süddeutschland wandernde Bischof
Venantius Fortunatus von den Vogesen giebt:

> „. . . an Vosagi, cervi, caprae, Helicis ursi
> Caede sagittifera silva fragore tonat.
> Seu validi bufali ferit inter cornua campum
> Nec mortem differt ursus, onager, aper."

All dieses bunte Getier ist, wie wir zur Beruhigung
der Odilienfahrer mitteilen können — leider ausgestorben.
1675 wurde noch ein Bär im Barrer Wald erschossen.
Der letzte der Gegend wurde 1695 durch den Förster
Franz Ettighofen beim Schlosse Andlau erlegt, dessen
Gründung merkwürdiger Weise die Legende mit einer
Bärin zusammenbringt.

Der Edelhirsch, der, wie überall im Elsass, so auch
hier durch die in der französischen Revolution prokla-
mierte Jagdfreiheit ausgerottet war, erschien erst vor
20 Jahren wieder in der Gegend, bildet aber seitdem
einen stehenden Bestand der jährlichen Jagdbeute (Vergl.
d. Namen „Hirz-" = Hirschthälele, fälschlich Herzthälele
genannt).*) Häufiger überrascht der Wanderer Rehe,
manchmal in Trupps, die namentlich im und ums Bad-
stubenthal nicht selten sind. Im Oberehnheimer Wald
kommt die Wildkatze vor, im Klingenthal und auch sonst
wohl allenthalben Schwarzwild (vergl. d. Namen „Wildsaulache"). Häufiger sind Dachse und Füchse. Der Auerhahn

---

*) Interessenten seien auf die Trophäensammlung des
Herrn Capitaine de Boxtel, Ottrott, Wirtschaft zum Schwanen,
aufmerksam gemacht.

wird fast alljährlich in der Balzzeit zur Strecke gebracht.
1895 schoss man z. B. drei Exemplare. Auch kommt
dessen kleinerer und seltener Verwandter, das Haselhuhn,
zuweilen vor. In den Klüften der Felsen und den
Mauerlöchern der Burgruinen, besonders der Spesburg,
horstet allerhand Raubgeflügel, so Eulen, Bussarde und
Habichte. Auch ist der seltene Uhu z. B. bei Birkenfels beobachtet worden. Um die Türme der Ottrotter
Schlösser zieht der schöne, jetzt geschützte Turmfalke
seine stolzen Kreise und lenkt die Aufmerksamkeit des
Wanderers auf sich. Längs des Ehenbächels kann man
häufig den Eisvogel, zuweilen die Wasseramsel beob-
achten, und scheu durchstreift den dunkleren Nadelwald
der Schwarzspecht, ein schöner und nützlicher Vogel,
der leider andernorts schon recht selten geworden ist.

Auch die **Flora** des Odilienberges bietet für denjenigen,
der die Vogesenflora überhaupt kennt, kein besonderes
Interesse. Der Berg kann sich weder des Vorkommens
alpiner Formen wie das benachbarte Hochfeld rühmen,
noch hat er etwa eine so grossartige Orchideenflora nach-
zuweisen, als der nahe gelegene Dreispitz bei Mutzig.
Vielleicht sind zwei Farne bemerkenswert, deren einer,
Cystopteris fragilis, am Felsen unter dem Kloster
sehr häufig ist, aber auch sonst vielfach in den Vogesen
vorkommt (massenhaft bei Gross-Geroldseck). Der andere,
der Zierfarn Osmunda regalis, tritt am Waldrande
bei Niedermünster auf, wo er für die Gärtnereien geholt
wird.

Der Wald ist fast durchweg Nadelwald, die Weiss-
tanne herrscht vor. Die Buchenbestände ums Kloster
nach Osten und die Edelkastanienbestände bei Ottrott
sind künstlich angepflanzt, letztere, weil sich ihre Stämme
vorzüglich zu Rebpfählen eignen. Mit grosser Mühe ist
neuerdings die „Bloss" aufgeforstet worden, nachdem
1766 der Wald daselbst durch ein böswillig angelegtes
Feuer zu Grunde gegangen war. Waldbrände melden
die Chroniken überhaupt mehrere. 1473 ging in einem
besonders heissen Sommer, in dem auch der Schwarzwald
mehrere Tage brannte, ein Teil der Waldungen am
St. Odilienberge mit dem Wirtshaus des Klosters zu

Pflügende Bauern, nach dem Hortus deliciarum der Herrad von Landsperg.

Grunde.   1681 brach nach lang anhaltender Dürre bei
St. Gorgon ein Feuer im Walde aus, das sich rasch aus-
dehnte und auch das Odilien-Kloster und die Kirche des-
selben ergriff und in Asche legte.   Auch in unseren Tagen
sind mehrfach Waldbrände ausgebrochen, doch stets rasch
gelöscht worden.   Wie gross heutzutage der Waldreich-
tum ist, illustriert die Thatsache, dass allein die Gemeinde
Bœrsch im Jahre 1899 für 3000 Mark Holz schlagen
lassen musste, da dasselbe sonst verfault wäre.

Eine der Spindler'schen Fresken in der „Glocke" zu Oberehnheim.

II.

Die Städte und Dörfer am Odilienberg.

Oberehnheim.

Oberehnheim ist eine der 10 elsässischen Reichsstädte. Die Stadt hat ihren altertümlichen, reichsstädtischen Charakter noch fast vollkommen gewahrt. Der Fremde, der die Station verlässt, überschreitet nach kurzer Zeit die Ehen, dann den alten, jetzt in Gartenanlagen verwandelten Stadtgraben, an welchem sich noch ansehnliche Spuren der alten Befestigung, namentlich jene so oft gemalten Türme befinden. Interessant ist der Marktplatz, auf welchem sich zwei alte Bauten, die Kornhalle und das Rathaus gegenüberstehen. Beide verbinden die Spätgotik mit dem Renaissancestil. An der Kornhalle befindet sich das alte Reichsstädtische Wappen Oberehnheims mit dem halben Reichsadler. Das Rathaus wurde 1462 begonnen und 1523 durch den Stadtbaumeister von Oberehnheim, Hans Jüngling umgebaut. Leider aber ist es auch später noch mehrfach modernisierend verändert worden. Im oberen Stockwerk befindet sich ein schöner, im 17. Jahrhundert eingerichteter Saal mit spätgotischer Thür. An dieser befindet sich ein sehr bemerkenswertes Schloss mit der Jahreszahl 1609. An

der Täfelung der Decke bemerkt man das Wappen der
Habsburger. An den Wänden sind barocke Gemälde
mit biblischen Darstellungen angebracht. An einem der
Fenster dieses Saales war das Glasgemälde, welches die
Scene darstellt, wie Eticho seiner Tochter Odilia die
Schlüsselgewalt von Hohenburg überträgt. (Abgebildet
im Kupferstich bei Silbermann Seite 8 und bei Pfeffinger
Seite 40 Taf. V, neuerdings bei Gyss, Oberehnheim, S. 518.)
Dasselbe befand sich noch 1864 in einem Wirtshaus in
Innenheim, ist aber jetzt verschwunden. Ein anderes,
jetzt im Pfarrhaus befindliches Glasgemälde, darstellend
das Kamel von Niedermünster, mit der Aufschrift „Ro-
zina zum Stein, Abtissin von Niedermünster", dürfte nach
X. Kraus auch aus dem Rathaussaale stammen. Neben dem
Rathaus steht der Kapellturm, ein gotischer Bau des
17. Jahrhunderts, der neuerdings von Winkler sachgemäss
restauriert worden ist. Die früher angebaute, uninteres-
sante Kirche wurde 1873 abgebrochen. In der Kirchgasse steht der bekannte Sechseimerbrunnen, ein
charakteristisches Beispiel dieser Renaissancebrunnen, vom
Jahre 1579. Aussen sind Bibelsprüche angebracht, im
Inneren Reste buntfarbiger Bemalung zu bemerken. Am
Dach sind schmiedeeiserne Wasserspeier und eine Wetter-
fahne. Neben dem Brunnen befindet sich die Wein-
stube des Herrn Vonville „zum Ratskeller" mit den
bemerkenswerten Spindler'schen Wandmalereien
(s. Abb. S. 8). Die Peter- und Paulskirche ist 1867
an Stelle der alten Pfarrkirche erbaut worden. (Diese
letztere abgebildet bei Gyss, Oberehnheim S. 168.) Aus
ihr stammen noch vier in der jetzigen Kirche befindliche
Glasgemälde des 15. Jahrhunderts, während der gotische
Heiliggrabaltar von 1504 aus der alten Kapellkirche stammt.
Vor der Kirche steht ein alter, halbovaler Befestigungs-
turm. In der rechts von der Pfarrkirche befindlichen
Hospitalskapelle befinden sich einige mit H. H. gezeichnete,
interessante Gemälde, die mit Unrecht H. Holbein dem
älteren zugeschrieben wurden. Sie stellen dar: Auf dem
Antipendium: Den Heiland mit den 12 Aposteln, ferner
die heilige Elisabeth; Jakobus, Petrus und Johannes;
dann Mariä Tod, Mariä Heimsuchung, die Anbetung der

Weisen und Jesus im Tempel. Interessant ist auch die „Burg", ein der Stadt gehöriges, jetzt als Mädchenschule dienendes Gebäude von 1470, das sich an der Stelle erhebt, wo einst die Burg des Hohenstaufen und noch früher die Merowingerburg, die Geburtsstätte der heil. Odilia gestanden haben soll.

Am letzten Hause des Ortes links (auf der Strasse nach Ottrott) befinden sich zwei rohe Skulpturen des 16. Jahrhunderts nebst zwei Steinmetzenzeichen. Noch etwas weiter draussen rechts an der Strasse das Schloss Montbrison, in dessen Garten sich ein restaurierter romanischer Turm erhebt. Dabei befinden sich Grabsteine des 17.—18. Jahrhunderts.

Über die Geschichte der Stadt ist folgendes zu bemerken. Sie kommt urkundlich zuerst im 8. Jahrhundert unter dem Namen Ehinheim vor, ist aber nicht nur der Legende nach, sondern auch thatsächlich viel älter, wie neuerdings gemachte römische Grabfunde beweisen. Die „villa regia" der fränkischen Könige mag daselbst bestanden haben, wird aber nur in der Legende erwähnt.

Die Zeit der Hohenstaufen war auch für Ehenheim eine Blütezeit: es wurde damals zur Stadt. Herzog Friedrich, Barbarossas Vater, gründete die Burg an der Stelle, wo sich heute noch das „Burg" genannte Gebäude, die jetzige Mädchenschule erhebt. Kaiser Friedrich Barbarossa weilte mit seinem Hofstaat mehrfach in Ehenheims Mauern und besuchte jedenfalls von hier aus am 27. Januar 1153 die Hohenburg, die damals unter der Äbtissin Relind, seiner Base, stand. Auch sein Sohn Heinrich VI. weilte in Ehenheim und erliess von hier aus mehrere Urkunden. Zu dem in mehrere Zweige geteilten Adelsgeschlechte derer von Ehenheim gehört der Minnesänger Gösli von Ehenheim, der auf einer Miniatur der Manessischen Handschrift dargestellt ist. Nach dem Untergang der Hohenstaufen zerstörte der Strassburger Bischof Heinrich von Stahleck die Burg von Ehenheim durch Feuer. Die Stadt geriet von da ab für kurze Zeit unter die Gewalt der Strassburger Bischöfe, wurde aber, als Kaiser Rudolf die Ordnung wieder herstellte, wieder kaiserlich und stark befestigt.

Kaiser Rudolf hielt hier 1286 eine öffentliche Gerichts-
sitzung ab, nahm sich auch sonst der Stadt an und gab
ihr unter anderen die Oberlehnsgewalt über die Burgen
Birkenfels und Kagenfels (s. S. 22—23). In dem
Kampfe zwischen Friedrich von Oesterreich und Ludwig
dem Bayer stand Oberehnheim auf Seiten Friedrichs,
erkannte aber nach dessen Niederlage Ludwig an und
wurde von demselben, trotz nochmaligen Abfalls, mit
den Rechten und Privilegien einer reichsunmittelbaren
Stadt beschenkt. Karl IV. bestätigte diese Rechte im
Dezember 1347 von Strassburg aus; unter diesem Kaiser
bildete sich auch der Zehnstädtebund im Elsass, dem
Oberehnheim beitrat.

Um diese Zeit erwarb die Stadt auch das Reichsdorf
Bernhardsweiler. Bei dem Armagnakeneinfall von 1444
benahm sich Oberehnheim sehr tapfer. 1475 wurde hier
Thomas Murner, der grosse Satyriker und heftigste
litterarische Gegner der Reformation geboren. Während
des Bauernkrieges wurde die Stadt von den Aufständischen
belagert, aber rechtzeitig durch das lothringische Heer
entsetzt. Die Reformation, die in der ganzen Umgebung
eingeführt worden war, drang in Oberehnheim nicht
durch. Im dreissigjährigen Kriege litt die Stadt furcht-
bar. Sie wurde von Mansfeld belagert und von den
Schweden mehrfach occupiert. Nach dem westphälischen
Frieden blieb die Stadt als reichsunmittelbares Gebiet
deutsch, aber am 9. Juli 1679 wurde sie durch Louvois
gezwungen, Ludwig XIV. zu huldigen und 9. Oktober 1680
leistete sie demselben wie die unterelsässische Ritter-
schaft, den Eid der Treue. Die französische Revolution
hat auch hier böse gehaust. Heutzutage hat die Stadt
4187 Einwohner, davon 147 Evangelische und 211 Juden.
Sie ist der Sitz eines Amtsgerichtes und einer Oberförsterei
und hat ein Progymnasium und ein katholisches Lehrer-
seminar aufzuweisen. Die Einwohner treiben Industrie
(Baumwollwaren, Decken, Teppiche, Metallwaren, Seife
und Stearinfabrikation; Ziegeleien und Sägemühlen),
Handel und Obst-, bezw. Weinbau. (Näheres über Oberehnheim vgl. die urkundliche Geschichte der Stadt Oberehnheim von J. M. Gyss, 1895.)

Bernhardsweiler.

Altes Dorf, wo man, wie in der ganzen Gegend, fast
an jedem Haus eine alte Jahreszahl mit den Gewerk-
zeichen des Besitzers, meist Winzerhandwerkszeug, sehen
kann. Einst bildete es den Zankapfel zwischen Oberehnheim und den verschiedenen Adelsgeschlechtern, besonders
den Mülnheim, welche durch Graf Sigismund von Thier-
stein in den Besitz des Dorfes gekommen waren. Unter
Kaiser Karl IV. erwarb dann Oberehnheim das Dorf,
das ihm vorher bereits verpfändet war. — Heute hat
das Dorf 1153 meist katholische Einwohner, die fast
durchweg Weinbau treiben. Zum Unterschiede von diesem
heisst jenes andere Bernhardsweiler im Kreis Schlettstadt
„Bernhardsweiler im Loch".

St. Nabor.

Dieses Dorf liegt dem Fusse des Odilienberges am
nächsten. Der Name stammt nach Sigbert von Gem-
blours Chronik daher, dass 764 der Bischof Chrodegang
von Metz die Gebeine des heil. Nabor von Rom aus
hierher brachte.

Hier hat der Legende nach das Kamel, welches das
Kreuz nach Niedermünster trug (s. S. 24), eine Weile
ausgeruht. An der Stelle sah man später den Eindruck
eines tierischen Fusses. Zum Andenken an die wunder-
bare Erscheinung — es war das erste Mal, dass man im
Elsass ein Kamel sah — erbaute man neben dem Stein
einen Rundbogen (heute verschwunden). — Die 320
katholischen Einwohner betreiben Weinbau. Der romanische Glockenturm der Pfarrkirche dürfte dem
12.—13. Jahrhundert entstammen.

Ottrott.

Dieser grosse Weinort (1700 kathol. Einwohner)
bestand und besteht eigentlich heute noch aus zwei
Teilen, Ober- und Niederottrott. Dieses letztere gehörte
früher den Herren von Rathsamhausen, während das
obere Dorf dem Bistum Strassburg gehörte. Der „Ottrotter
Rote" ist einer der besten Weine des Landes. (Jagd-

trophäensammlung in der Wirtschaft des Capitaine de
Boxtel „zum Schwanen"; gegenüber der Wirtschaft von
Mad. Blanck „zum Rössel" liegt die Poststelle.)

St. Leonhard.

Am Eingang des Klingenthales liegt, weithin sichtbar, St. Leonhard, eine kleine freundliche Annexe von
Boersch. Angeblich wurde sie durch einen Einsiedler
Erkenbald gegründet, welcher daselbst eine Kapelle und
eine Klause erbaute. Daraus entstand später eine
Benedictinerabtei, deren Kirche St. Leonhard geweiht
wurde. Dieselbe verfiel und wurde im 11. Jahrhundert durch Bischof Otto von Hohenstaufen wieder
aufgebaut. Später verfiel sie jedoch von neuem und
wurde 1213 in ein weltliches Chorstift verwandelt. Von
da ab sassen Jahrhunderte lang die Stiftsherren auf
St. Leonhard und mögen sich's wohl beim Ottrotter
Roten nicht schlecht haben gehen lassen, bis die grosse
Revolution kam und sie vertrieb. In den verlassenen
Häusern setzte sich allerhand fahrendes Volk fest. Das
sind die Vorfahren von der heutigen, höchst ehrenwerten
Einwohnerschaft. Jetzt dient der malerisch gelegene Ort
namentlich als Tusculum für die elsässische Künstler-
schaft. Carl Spindler und Joseph Sattler haben
hier ihre Ateliers (am Hause des Ersteren interessante
deutsche Inschrift des ca. XIV. Jahrh.). Einzig in ihrer Art
sind die von diesen beiden Künstlern gemalten Fresken
des Hauses A. Laugel, die Scenen der Geschichte und
Sage der Gegend darstellen. Gegenüber liegt die als
Sakralstätte wohl recht alte Kapelle „St. Maria zur Eich".

Das Klingenthal.

Im Klingenthal bestand ehedem eine sehr bedeutende
Waffenfabrik (die Fabrik beschäftigte Ende des 18. Jahrhunderts 300 Arbeiter täglich, was damals viel heissen
wollte), die 1730 mit königlicher Erlaubnis gegründet
worden war, aber, nachdem sie mehrmals den Besitzer
gewechselt hatte, 1760 ganz vom König von Frankreich
übernommen und bis 1870 betrieben wurde. Heutzutage
werden weniger Waffen als industrielle Geräte gefertigt.

Auch besteht eine bedeutende chemische Fabrik im Klingenthal. Das Dorf hat 400 Einwohner und eine evangelische Pfarrkirche.

Barr.

Barr ist ein ansehnliches altes Städtchen (5678 Einw., darunter 2583 Kath. und 105 Jud.), das ebenso wie das benachbarte Oberehnheim seinen altertümlichen Charakter vielfach gewahrt hat. Bemerkenswert ist das Rathaus in Barockstil, das 1640 an Stelle der Wespermannsburg, auch Kleppernburg genannt, erbaut wurde. Die Wepfer, oder Wespermann, Edle von Barr, starben 1583 aus, nachdem sie vorher die Herrschaft Barr an die Stadt Strassburg verkauft hatten. Diese führte in der ganzen Gegend die Reformation ein.

Barr kommt unter dem Namen Barru, Beara oder Barra bereits im 8. Jahrhundert vor. 1375 wurde die Stadt von den englischen Mordbrennern heimgesucht, 1444 von den Armagnaken gebrandschatzt. 1592 wurde durch die lothringischen Völker trotz erlegter Brandschatzung das Schloss und ein grosser Teil des Ortes niedergebrannt. Am 9. November 1678 schoss ein Bürger von Barr, namens Fromm, den Officier der eben abziehenden Franzosen vor der Front vom Pferde, worauf die Franzosen die Stadt bis auf wenige Häuser in Asche legten. 1680 wurde die Stadt französisch. — Barr ist Kantonshauptort und Sitz eines Amtsgerichtes und einer Oberförsterei. Es hat eine evangelische und eine katholische Pfarrkirche und eine Synagoge, an Lehranstalten eine Realschule. Ausser Weinbau betreibt die Bevölkerung viel Industrie, besonders Gerberei, Holzschuhfabrikation, Wollwaren u. a. m. An Handel wird besonders Holz, Wein und Getreidehandel gepflegt. Im sogenannten Bühl befindet sich eine Badeanstalt mit Mineralquelle.

Heiligenstein.

Heiligenstein wurde mit der Herrschaft Barr von Strassburg erworben, worauf die Reformation die Oberhand gewann. Daher kommt es, dass der grösste Teil

der (757 Köpfe starken) Einwohnerschaft sich zur Augs-
burgischen Konfession bekennt. Im Bauernkriege 1525
kam es hier zu sehr heftigen Auftritten. Ein reforma-
torischer Prediger von Strassburg, Klemens Ziegler, veran-
staltete bei Heiligenstein trotz Verbotes eine Versammlung,
worauf Herr Nikolaus Ziegler, der Inhaber der Herrschaft
Barr, denjenigen Bürger von Heiligenstein, der das Glocken-
zeichen zur Versammlung gegeben hatte, verhaften liess.
Da rotteten sich am folgenden Tage die Bauern der
ganzen Gegend, besonders auch die von Bernhardsweiler
und der Vorstadt von Oberehnheim, zusammen, zogen in
Waffen nach Heiligenstein und erzwangen die Befreiung
des Gefangenen.

Berühmt ist der Wein der Gegend, der „Clevner von
Heljestein", den der an der Façade des Rathauses
durch eine Bildsäule verewigte Erhard Wanz um 1740
von Chiavenna (= Cläven) hier einführte.

Die Ottrotter Schlösser: Rathsamhausen und Lützelburg.

III.
Die Schlösser und Burgruinen.

Die Ottrotter Schlösser: Rathsamhausen und Lützelburg.

Auf einem Ausläufer des sogenannten Homburger Berges ragen in unbeschreiblich malerischer Lage zwei Burgen dicht nebeneinander empor, Lützelburg und Rathsamhausen. Mit Recht sind diese Ottrotter Schlösser einer der besuchtesten Plätze der Vogesen. Das dem Forsthaus Scheidecker zunächst gelegene Schloss, die Rathsamhausen, ist das besser erhaltene. An demselben ist ein runder Turm mit wohlerhaltenen Zinnen und das hohe turmartige Hauptgebäude charakteristisch. Im ersten Stockwerke des letzteren befindet sich ein merkwürdiges, venetianisches Fenster, im zweiten Stockwerke der bekannte romanische Kamin. Auch sonst bietet sich genügende Gelegenheit, zahlreiche interessante Einzelheiten zu studieren: Die steinernen Angelpfannen der Thore, die tiefen Riegellager derselben, wo ein hineinschiebbarer hölzerner Balken den Verschluss besorgte, Spuren von Wandbemalung, besonders in den Mauernischen, die Pförtnerklause an einem der Thore; in einem Winkel versteckt, schwer zugänglich und daher kaum bekannt eine interessante mittelalterliche Abortanlage. — Das zweite

Schloss, die Lützelburg, von Rathsamhausen durch einen
doppelten Graben getrennt, ist viel einfacher und offen-
bar älter. Doch ist auch hier manches beachtenswert:
das malerische Eingangsthor, in einem der Söller ein
doppeltes Wandschränkchen mit Schiebeverschluss, wappen-
geschmückte Geschossconsole (an einem der Tragköpfe
die Wappen von Andlau und von Rathsamhausen) u. a. m.*)
Trotz der nachbarlichen Lage hatten die beiden
Schlösser keine gemeinsame Geschichte. Ihr Ursprung
ist unbekannt, doch mutmasst man die im 12. Jahrhundert
urkundlich vorkommenden Herren von Lützelburg als
Gründer. Die Lützelburg gehörte zu Anfang des 14. Jahrhunderts den Herren von Andlau als kaiserliches Lehen.
1392 wird die „Vorder-Lützelburg" urkundlich genannt,
1393 kam sie durch Kaiser Wenzel samt dem zugehörigen Teile des Dorfes Nieder-Ottrott an drei Herren
von Rathsamhausen. — Das andere Schloss war Pfäl-
zisches Lehen. 1424 verkauften es die Rathsamhausen
für 1200 Gulden an die Herren von Hohenstein, von
denen es 1477 an die Mülnheim kam. Nachdem diese
es 1530 neu aufgebaut hatten, verkauften sie es 1557
wieder an die Rathsamhausen. Diese bewohnten es bis
im 17. Jahrhundert, ihr Burgvogt noch länger. Bis zum
Aussterben der Familie im 19. Jahrhundert blieben beide
Schlösser in ihrem Besitz. Die Lützelburg ist heute im
Besitze des Herrn Schaeffer in Oberehnheim. Rathsamhausen gehört Herrn Scheidecker, der dieselbe in Ver-
bindung mit der „Gesellschaft zur Erhaltung der historischen Denkmäler im Elsass" im Jahre 1898 restaurieren
liess.

Bei den Aufräumungsarbeiten fand man zahlreiche
dreikantige Pfeilspitzen aus Eisen, auch Reste gothischer
Kachelöfen und Münzen, darunter römische.

---

*) Dem staunenden Wanderer wird gern eine Erzählung
von Menschengebeinen, die man mit Ketten belastet in
einem der Verliesstürme aufgefunden habe, aufgetischt. Die
Geschichte klingt dann, als sei sie erst gestern passiert,
während sie schon Silbermann 1733 in genau derselben
Version zu hören bekam.

Das Köpfel.

Auf der Spitze eines Bergvorsprungs, der zwei Thäler beherrscht, liegen etwa 10 Minuten oberhalb der Ottrotter Schlösser geringe Ruinen einer Befestigung, „Köpfel" oder (nach Bleicher) „Heidenschanz" genannt. Man sieht das Grundgemäuer eines länglich gestreckten Gebäudes von 21 m Länge und 10 m Breite und eines Turmes, der sich auf der Nordseite kaum bis Mannshöhe erhebt. Dem „Köpfel" römischen Ursprung zuzuweisen liegt keinerlei direkte Berechtigung vor. Wahrscheinlich gründet sich diese Behauptung allein auf die Annahme, dass der Odilienberg zu römischer Zeit mit einem geschlossenen System von Befestigungen überzogen war. Bis jetzt ist die Zeit der Erbauung noch nicht festgestellt. Auch Funde liegen weder aus römischer noch aus späterer Zeit vor. — Vom Köpfel zieht sich auf dem Grate des Elzberges ein tief in den Boden eingeschnittener alter Weg nach Süden.

Hagelschloss oder Waldsperg.*)

Am nördlichen Ende der Heidenmauer liegt auf einem Felskegel die Ruine Hagelschloss. Es sind nur noch spärliche Mauerreste erhalten. Das Bemerkenswerteste ist der gewaltige Bogen, der sich kühn von einem Felsen zum andern schwingt und einen tiefen Spalt überbrückt.

Über den Ursprung der Burg ist nichts bekannt. Wahrscheinlich wurde sie wie die benachbarten Dreysteine im 13. Jahrhundert angelegt. Als Baumaterial dienten wie bei jenen hauptsächlich die Quader der Heidenmauer, was sich an den Schwalbenschwanzeinschnitten vielfach nachweisen lässt. Die Heidenmauer ist denn auch besonders beim Hagelschloss fast völlig

---

*) Silbermann 1781 führt irrtümlicherweise Hagelschloss mit Waldsperg in zwei gesonderten Kapiteln als zwei verschiedene Ruinen an. Auch behauptet der sonst sehr zuverlässige Forscher, es seien von beiden „keine Überbleibsel mehr anzutreffen". Erst Schweighäuser stellte den Irrtum richtig und wies nach, dass Hagelschloss und Waldsperg identisch seien.

zerstört. Über den Untergang der Burg berichtet Specklin
folgendermassen:

> „Im Jahr 1406 hatte Walther Erb, eines Ritters
> „Sohn, Spän mit den von Strassburg. Da hatten die
> „von Oberehnheim wegen ihnen einen Tag ange-
> „setzt und die von Strassburg auch dazu erbetten;
> „dahin zogen Herr Heinrich von Müllenheim, dem
> „man Landsperg spricht, Ritter, und Lutholff von
> „Müllenheim, auch Ritter und sein Sohn, und Hans
> „Sturm, der Lohnherr. Auf diese hielte Walther
> „Erb ohne Widersagt, und fieng Herrn Heinrich und
> „Lutholff von Müllenheim, die alten; und weilen Herrn
> „Lutholffs Sohn sehr verwundet worden, so liess man
> „ihn gehen, jedoch musste er schwören, sich auf Er-
> „forderung wieder zu stellen. Die andern führte er
> „auf die Burg und Veste Waldesperg. -- Do das
> „die von Strassburg erfuhren, zogen sie aus mit
> „Büchsen und Werken vor Waldesperg und gewannen
> „in acht Tagen diese Veste mit Sturm. Hätten sich
> „die Innern besser gewehrt, man hätte sie in Jahr und
> „Tag nicht gewonnen, dann sie überaus vest und mit
> „genugsam Proviant versehen war. Es war aber Herr
> „Walther Erb nicht darauf, da wurden die Gefangenen
> „los. Diese Veste, welche die beste im Land
> „war, gehörte halber dem von Rathsamhaussen. Sie
> „wurde aber Walther Erb zu Leyd ausgeplündert und
> „geschleift.‟

Die Burg wurde nicht wieder aufgebaut. Mit der
Walter Erb zugehörigen Hälfte der Schlossgüter wurden
die Beger, die Herren von Birkenfels, 1434 durch Kaiser
Siegismund belehnt. Von diesen ging sie 1442 durch
Kaiser Friedrich III. gleichzeitig mit den Dreysteinen
in die Hände der Rathsamhausen von Ehenweiler über.

Das Hagelschloss gehört jetzt wie die Dreysteine
nebst dem umliegenden Wald Herrn M. Schaeffer in
Oberehnheim.

Die Dreysteine.

Die Dreysteine, über deren Entstehung wenig bekannt
ist, sind zwei kleine, im tiefen Tannenwald verborgene

Ruinen. Der Name stammt angeblich daher, dass die eine (vordere) ursprünglich aus zwei Gebäuden mit getrenntem Eingang bestand. Das hintere Schloss ist besonders durch seinen wohlerhaltenen Verliessturm ausgezeichnet, welcher von unten durch ein gebrochenes Loch und von oben (über die Mauer) durch eine Thüre zugänglich ist und ein genaueres Studium dieser Anlagen gestattet. Diese Verliessturme hatten von unten aus keinen Eingang, sondern derselbe befand sich stets in beträchtlicher Höhe und war meist durch eine Brücke mit den übrigen Gebäulichkeiten verbunden. Durch einen schmalen Gang gelangte man auf einen hölzernen Boden, in dessen Mitte sich ein Loch befand, durch welches die Gefangenen, die man „in Thurn warf", an Seilen in die Tiefe gelassen wurden. Von dem hölzernen Boden aus war auch durch eine Treppe die Plattform des Turmes zu erreichen, der gleichzeitig als Wachtturm, als „Lug-ins-Land" benutzt wurde. Man sieht in dem Dreysteiner Turm noch die Maueransätze, worauf das Balkenwerk des Holzbodens lag, ferner das nach oben führende Wendeltreppchen, dessen Steine gleichsam an die Mauer angeklebt zu sein scheinen, und endlich ist das gewölbte Dach noch erhalten, das in der Mitte durch ein rundes, über jener im Holzboden angebrachten Öffnung liegendes Loch den Gefangenen Luft und Licht gewährte.

Von der Geschichte der Schlösser ist so gut wie nichts bekannt. Wahrscheinlich wurden sie im 13. Jahrhundert angelegt. Sie kommen unter dem Namen „Das Schloss zu den drey Steinen" in einem Investiturbriefe Kaiser Friedrichs III. an die Rathsamhausen vom Jahre 1442 und einem anderen Investiturbriefe Karl V. vom Jahre 1530 vor.

Landsperg.

Eine der bedeutendsten Ruinen des Elsasses ist Landsperg, von der schon Silbermann bemerkt, dass sie ebensowohl von Reichshofen und noch weiter nördlich als vom Kirchturme von Mülhausen im Süden sichtbar sei. Der Wanderer durchschreitet zunächst einen doppelten Hof. (Der Schlüssel zum äusseren Thore ist beim Förster zu holen.) Über dem zweiten Eingang, der in die Burg selbst einführt, befindet sich ein schöner, romanischer Erker mit Skulpturenresten, nach J. Gyss vielleicht die Apsis der Burgkapelle. Weit überragt

Ansicht der Ruine Landsperg.

die ganze Ruine der gewaltige, viereckige Turm, der noch fast in seiner ganzen Höhe steht und durch Leitern und Stiegen zugänglich gemacht ist. Im ersten Stockwerk interessante, tiefe Abortanlage mit Mauernische als Lichthäuschen. Eine ähnliche, nur einfachere Anlage an der Aussenmauer nach Westen hin.*)

Zum Schutze der Burg gegen den östlichen Bergabhang sind dort an beiden Ecken der Umfassungsmauer starke runde Türme mit Schiessscharten eingesetzt.

Landsperg ist die Stammburg des gleichnamigen,

*) Diese Anlagen in den elsässischen Burgen sind sehr bemerkenswert, wenn man bedenkt, dass im Versailler Schloss, jenem Prachtbau des 18. Jahrhunderts, für jene Bedürfnisse in dieser Weise nicht gesorgt war. Vgl. darüber Viollet-le-Duc, Dictionnaire de l'Architecture Bd. VI, der daselbst auf S. 166 die Landsperger Abortanlage im Riss, Durchschnitt und Aussenansicht abbildet und auf S. 164 ff. beschreibt. Wir haben daher immer auf die betreffenden Anlagen hingewiesen.

noch blühenden Geschlechtes, einst einer der mächtigsten
Familien des Elsasses. Über die Entstehung der Burg
gehen die Ansichten auseinander. Die Einen erzählen,
dass Wölffelin, der unter Friedrich II. kaiserlicher Land-
vogt im Elsass war, Schloss „Landeshoarte apud Andelay"
erbaut habe. Andrerseits aber kommen zwei Edle von
Landsperg, Egelolf und Konrad schon 1144 urkundlich
vor und nach einer andern Urkunde aus dem Jahre 1200
brachte der Erbauer und Besitzer des Schlosses Landsperg, Konrad von Landsperg, das Gebiet der Burg, das
bis dahin Eigentum des Stiftes Niedermünster war,
tauschweise um 50 Mark Silber an sich. Äbtissin von
Niedermünster war damals Edelind von Landsperg, wie kurz
zuvor Herrad von Landsperg, die berühmte Verfasserin
des „Hortus Deliciarum", Äbtissin von Hohenburg war.
    Jedenfalls liegt in den angeführten Nachrichten in-
sofern kein Widerspruch, als es sich um keine Neu-
erbauung, sondern nur um eine Umbauung und Neu-
befestigung einer schon vorhandenen Burg handelte, wie
denn auch die erhaltenen Reste den Beweis dafür bieten,
dass die heutige Burg auf den Trümmern einer älteren,
zerfallenen erbaut wurde. — Das Schloss blieb, abgesehen
von wenigen unwesentlichen Wechselfällen, bis zum Anfang
des 19. Jahrhunderts in den Händen derer von Landsperg,
die es dann an die Barone von Türkheim verkauften.
    Interessant sind die zahlreichen mittelalterlichen
Scherben (namentlich aus der Zeit der Herrad), die in
den Trümmern der Burg, besonders in der Nähe des
Turmes, zu finden sind.

Kagenfels und Birkenfels.

    Beide Ruinen sind im Westen des Odilienberges
gelegen. Da sie sich etwas abseits der üblichen
Touristenwege befinden, so wurden sie bisher mit Unrecht von den Fremden vernachlässigt. Birkenfels ist
mit seinen auf Felsen gegründeten Mauern sehr gut
erhalten. Bemerkenswert ist das eine gotische Fenster
mit den schmalen steinernen Zwischensäulen, welches
zeigt, wie die meisten dieser grossen Burgfenster, von
den wir heute nur noch die leeren Höhlen sehen, ein-

Tafel II.

Miniatur aus dem „Hortus deliciarum" der Herrad von Landsperg (vgl. Kap. XIX).
Darstellung eines Turmbaues im Mittelalter.

gerichtet waren. Nach dem Eingang hin steht ein fünfeckiger Turm, in welchen sich eine (leicht zugängliche) interessante gotische Abortanlage befindet. Birkenfels ist von einem grossen Teile des Odilienberges, besonders auch von der Heidenmauer in ihrem westlichen Teile sichtbar und gewährt, wie es verlassen zwischen hohen Tannen träumt, einen sehr eigenartigen Anblick. Nicht minder in seiner Art das Schwesternschloss Kagenfels, von dem hauptsächlich noch ein viereckiger zerfallener Turm inmitten wildverstreuten Gemäuers steht.

Beide Ruinen haben eine gemeinsame, wechselvolle und für die mittelalterliche Geschichte des Elsasses sehr charakteristische Vergangenheit. In den Zeiten des Interregnums wurden sie durch zwei Lehnsmänner des Strassburger Bischofs Walther von Geroldseck, Albrecht Kagen und Burkhard Beger widerrechtlich auf Grund und Boden der Stadt Oberehnheim erbaut. Nachdem aber Walther von Geroldseck durch die Strassburger Bürgerschaft 1262 bei Hausbergen geschlagen worden war, und als Rudolf von Habsburg die Ordnung im Reiche wieder herstellte, mussten sich die beiden Ritter einem Vergleiche fügen, der zwar ihnen und ihren Nachkommen den Besitz der Burg, aber der Stadt Oberehnheim die Oberlehnsherrschaft sicherte.*) Für diese Stadt bildeten fortan die beiden Schlösser eine Quelle ewiger Fehden und Zänkereien. Während Birkenfels in den Händen der Beger bis zum Erlöschen dieser Familie blieb, wechselte Kagenfels häufig den Herrn, hatte mitunter auch mehrere Besitzer, die sich untereinander um das Schloss rauften. Schliesslich gelangte die Stadt Oberehnheim am Ende des 16. Jahrhunderts nach endlosen Prozessen durch Kauf in den Besitz der Burg, die von da ab leer stand und mählich zerfiel. — Beide Ruinen sind heute, wie der umliegende Wald, Besitz der Stadt Oberehnheim.

---

*) Der Vertrag kam für Kagenfels 1285, für Birkenfels 1289 je bei einer persönlichen Anwesenheit Kaiser Rudolfs im Elsass zustande. Vgl. die erhaltenen Urkunden im Stadtarchiv von Oberehnheim.

IV.

Die Ruinen alter Klöster und Kapellen.

Niedermünster.

Am nordöstlichen Abhang des Odilienberges zieht sich ein breites Thal in der Richtung nach St. Nabor hinab. Dort ragen inmitten des Wiesenplanes vom Gebüsch halb versteckt drei Bogen, etwas Mauerwerk und ein verschüttetes Portal. Das ist die Stelle, wo ehedem das „niedere Münster" stand.

Niedermünster ist der Sage nach wie das Kloster Hohenburg selbst eine Schöpfung der heiligen Odilia. Die Heilige errichtete dort zunächst ein Spital, um den Kranken und Bresthaften den beschwerlichen Weg auf das Kloster zu sparen. Man sieht noch jetzt ein länglich rechteckiges Grundgemäuer in der Nähe von Niedermünster. Das sind die Überreste jenes Spitals. Während der Erbauung des Münsters pflanzte die Heilige, wie die Legende erzählt, mit eigener Hand jene drei „Odilienlinden" zu Ehren der Dreifaltigkeit. Von den heute sichtbaren sind zwei neu angepflanzt, nachdem die alten bei dem Waldbrande von 1681 zu Grunde gegangen waren. Die dritte ist wohl sehr alt.

Geschichtlich ist über Niedermünster folgendes bekannt. 1180 brannte das Kloster zur Zeit der Äbtissin Edelind von Landsperg ab. Aus einem Strassburger Urteilsspruch von 1404 geht hervor, dass um diese Zeit zwischen Hohenburg und Niedermünster Streit entstanden war, weil dieses Ansprüche auf Gleichberechtigung machte. 1542 verbrannte die Abtei zum zweiten Male, diesmal

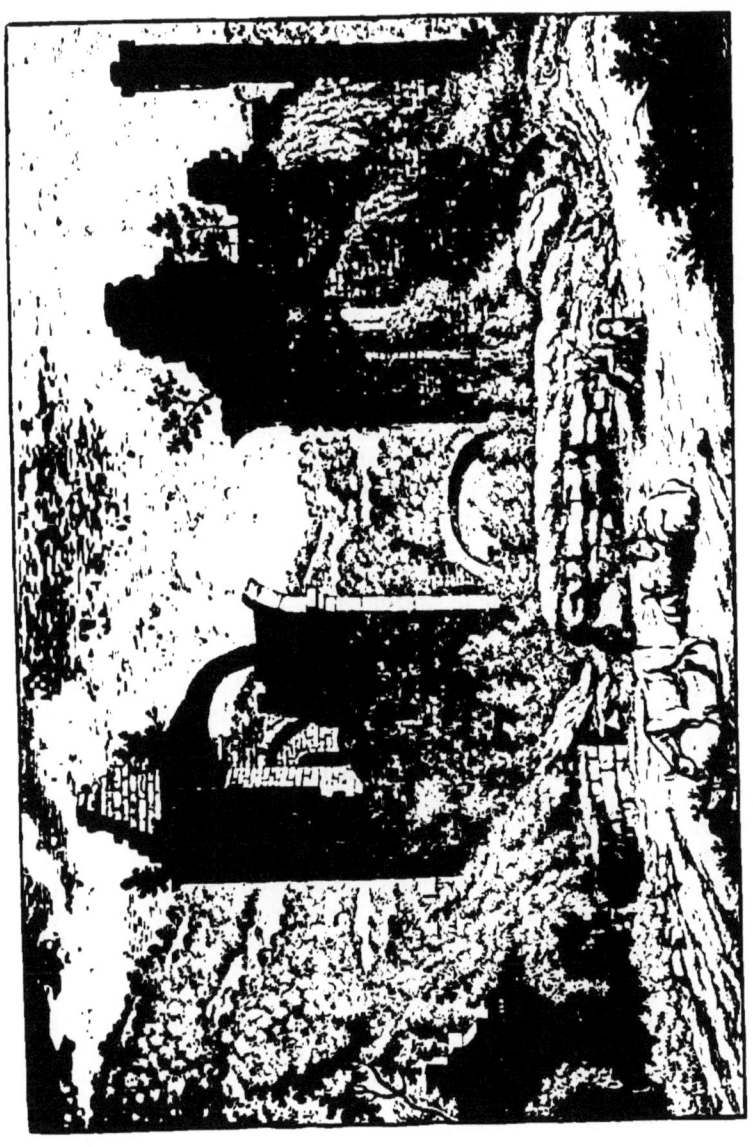

Ruine des Stifts Niedermünster im Jahre 1812, nach Pleffinger.

fast vollständig,*) wurde aber durch den Strassburger
Bischof Erasmus von Limburg wieder aufgebaut, um im
gleichen Jahre abermals völlig in Asche gelegt zu werden,
diesmal durch den Blitz. Die Nonnen zogen hinauf nach
Hohenburg und zerstreuten sich, als dieses selbst vier
Jahre später abbrannte, in die Welt. Mit den herr-
lichen, romanischen Ruinen ist man zu allen Zeiten bar-
barisch umgegangen. Bereits im Jahre 1585 liess der
Strassburger Bischof Johann von Manderscheid einen
Teil der Mauern umlegen und die Quadern fortführen,
um damit die Befestigung von Benfeld zu bauen. Später
führte man aus demselben Material den Kirchturm in
Erstein auf. Die Bauern von Benfeld und Erstein hielten
es von da ab für ihr angestammtes Recht, die Ruine
Niedermünster als Steinbruch zu benützen. 1689 erhielten
auch die Premonstratenser von Hohenburg vom Bischof
Egon von Fürstenberg die Erlaubnis, aus den noch übrigen
Gebäuden von Niedermünster ihr Kloster wieder zu er-
bauen. Trotz alledem waren die Ruinen zu Anfang
dieses Jahrhunderts noch bedeutend genug, und wir geben
auf Tafel III den Stich Pfeffingers von 1812, um zu
zeigen, was in jener Zeit noch vorhanden war. Aber
noch bis in die Mitte unseres Jahrhunderts konnte man
die uralte Krypta sowie das herrliche Portal und zahlreiche Säulenknäufe und ähnliche Sculpturenreste bewundern, aber lustig wurde ein Stein nach dem andern
weggebrochen, bis endlich anfangs der 70er Jahre dem
Unfug gesteuert wurde. — Was wir jetzt noch an Ar-
chitektur bewundern, stammt meist von dem Bau von
1180. Es ist sehr wenig: Drei romanische Bogen,
weniges Mauerwerk und im Innern 2 feste Wendeltreppen.
In der einen Bogenfüllung im Innern (vom Hofe der

---

*) Specklin berichtet über diese zweite Zerstörung wie folgt:
„Samstag nach Martini war die Aebtissin von Nieder-
„münster, Ursula Zuckmantelin, bey denen von Ratzen-
„hussen zu Barr, da verwahrlosseten sie das Feuer zu
„Niedermünster, also dass schier alles, was nicht gewölbt,
„verbrannt; auch alle Dächer von der Kirche und dem
„Kreuzgang. Hernach ist es wieder wohl erbauet worden,
„was zur Nothdurft gehörig war."

Meierei zu erreichen) bemerkt man die Spuren eines
Wandgemäldes. Es sind drei helle, sonnenartige Kreise,
vielleicht die Heiligenscheine einer Dreieinigkeit. Im Hofe
der Meierei steht noch ein grosser romanischer Giebelknopf.
Zahlreich zu findende Fragmente beweisen, dass die Abtei
einst mit grün glasierten Ziegeln gedeckt war.

Berühmt war einst das Kreuz von Niedermünster.
Über dessen Entstehung berichtet die Legende: Graf
Hugo von Burgund hatte von Kaiser Karl dem Grossen
ein Kästchen mit mehreren kostbaren Reliquien zum
Geschenk erhalten. Darunter befand sich auch ein echtes
Stück des Kreuzes Christi. Der fromme Graf gedachte
damit ein Kloster zu beschenken. Er liess daher den
Kreuzessplitter in ein eichenes Kreuz einlassen, in welches
die Leidensgeschichte Christi darstellende Silberplaquetten
eingelegt waren. Mit diesem Kreuz belud er ein Kamel,
welches er wohl von einem Zug wider die Sarazenen
mitgebracht haben mochte, und überliess dieses Kamel sich
selbst. Fünf frommen Rittern befahl er, dem Tier zu folgen.
Dieses hielt vor der Schwelle Niedermünsters, wo die Äbtissin
den kostbaren Schatz mit grosser Freude empfing.

Das Kreuz erlebte merkwürdige Wechselfälle. 1269
wurden, nach Specklin, das Kreuz und „die Krone der
allemannischen Könige" aus Niedermünster gestohlen,
der Dieb aber ergriffen und gehenkt. Als 1542 Niedermünster verbrannte, überwies das Strassburger Bistum
das glücklich gerettete Kreuz an Hohenburg, und als
auch dieses 1546 eingeäschert wurde, schenkte Bischof
Erasmus von Limburg das Kreuz den in diesem Jahre
ins Land gekommenen Jesuiten, welche es in ihrer
Klosterkirche in Molsheim aufbewahrten. Noch Silbermann sah es 1782 daselbst und bildete es in Kupferstich ab. Während der Wirren bei Aufhebung des
Ordens aber ist das Kreuz spurlos verschwunden.

St. Nikolaus.

Dieser niedlichen, romanischen Kapelle hat ein freund-
licherer Stern geleuchtet, als dem benachbarten Niedermünster, zu dem sie eng gehörte. Zwar war auch sie
schon recht zerfallen, wie aus einer Atthalin'schen Zeich-

nung von 1838 hervorgeht. Aber auf Fürspruch elsässischer Altertumsfreunde wurde sie 1845 genau in der alten Gestalt und aus den alten Steinen wieder erbaut. Nur die mächtigen Strebepfeiler, die sie ehedem äusserlich gestützt hatten, wurden weggelassen. Das sonst schmucklose Innere ist bemerkenswert durch den Doppelchor: In zwei übereinandergelegenen Stockwerken stehen zwei Altäre, der obere durch zwei gewundene Stiegen erreichbar. Der untere Altar war dem heil. Nikolaus, der obere wahrscheinlich dem heil. Martin geweiht. In die Mitte des Fussbodens ist der Grabstein eines Canonicus von St. Nikolaus vom Jahre 1512 eingelassen (darauf Opferkelch und segnende Hand). (Der Schlüssel zu dem Kapellchen, welches jetzt keinem rituellen Zweck mehr dient, ist beim Pächter der Meierei Niedermünster zu holen.)

St. Jakob.

Etwa eine Viertelstunde von Niedermünster entfernt liegt auf dem Gipfel der dem Odilienberg jenseits des Niedermünsterer Thales gegenüberliegenden Höhe die Kapellenruine St. Jakob. Ihre Erbauung hängt der Sage nach mit der Geschichte des Kreuzes von Niedermünster zusammen (S. 26). Jene fünf burgundischen Ritter sollen nämlich beschlossen haben, den Rest ihres Lebens von der Welt abgeschieden zuzubringen. So bauten sie eine Einsiedelei und zu dieser die Kapelle St. Jakob. Es sind von derselben nur noch geringe Trümmer vorhanden, die in den 70er Jahren von der Gesellschaft zur Erhaltung der historischen Altertümer aufgeräumt und zugänglich gemacht wurden. (Leider ist die „Restauration" grösstenteils wieder verfallen.) Sehr merkwürdig ist der Steinblock, der im Innern der Kapelle stehen geblieben ist, und um den diese wie um einen natürlichen Mittelpunkt herumgebaut scheint.*) Schweig-

---

*) Der Stein trägt keinerlei besondere Kennzeichen, scheint aber mit der Gründung und Anlage der Kapelle im Zusammenhang zu stehen, denn er ragte inmitten des Kirchleins über dessen Boden heraus. Man könnte sich fragen, ob dieser kamelhöckerartige Stein nicht mit der Legende des Kamels von Niedermünster (siehe S. 26) im Zusammenhang steht, und ob die Überbauung dieses

häuser berichtet 1825 von St. Jakob: „Neben der Kirche sieht man einen alten st einernen Sarg liegen, dessen eigentümliche Gestalt im Mittelalter gebräuchlich war. Eine ovale Vertiefung ist für den Kopf ausgehauen, dann erweitert sich der Ausschnitt für die Schultern und verengt sich allmählich gegen die Füsse zu".

St. Gorgon.

Wer von Ottrott aus auf den Odilienberg steigt, hat etwa 20 Minuten oberhalb des Dorfes eine niedrige Meierei zur Linken, die den Namen St. Gorgon, oder im Volksmund „Gorrisacker", „Kurrisacker" oder „Kolisacker" führt. Dort stand eine Kirche zu St. Gorgon, die 1178 von Herrad von Landsperg an den Praemonstratenserabt Werner von Stibach geschenkt wurde. Dieselbe ging 1632 durch den dreissigjährigen Krieg zu Grunde.

Später wurde der Meierhof an die Stelle gesetzt. Das in der Nähe befindliche Kapellchen im romanischen Stil ist nicht sehr alt: es wurde 1746 durch den Praemonstratenseroberen Dionysius Albrecht errichtet und enthielt ein Bildnis und die Leidensgeschichte des Heiligen. Dieses Kapellchen war völlig zerfallen und ist erst 1897 notdürftig wieder aufgebaut worden.

In der Nähe auf jenem Hügel am Wege, wo jetzt noch ein Kreuz steht, befand sich auch die heute spurlos verschwundene Kapelle Mariae Heimsuchung, die Silbermann auf S. 13 beschreibt und auf Plan I in Kupferstich abbildet.

Truttenhausen. *)

Am Abhang jenes vorspringenden Berges gelegen, dessen Gipfel die Landsperg krönt, ist das Münster

---

Platzes mit einer Kapelle nicht die Christianisierung eines Ortes bezweckte, der früher dem Steinkult gedient hatte! R. F.

*) Der Name „Truttenhausen" wird verschieden gedeutet. In Mündels „Vogesen" VIII. Auflage S. 282 wird es von „Truhtinhus = Herrenhaus, Gotteshaus" abgeleitet, während H. Noë „Elsass-Lothringen" S. 50 es als „Haus des Mädchens" (trud, z. B. in Gertrud) erklärt. Zu verwerfen ist jedenfalls die Ableitung von „Druiden".

Truttenhausen weithin in der Ebene sichtbar. Dasselbe
wurde im Jahre 1181 von Herrad von Landsperg gestiftet und mit 12 Augustinern von Marbach besiedelt.
Die Gründung wurde durch den Bischof Heinrich von
Hasenburg und 2 päpstliche Bullen Lucius' III. und
Innocens' IV. bestätigt und blühte rasch auf. Im
14. Jahrhundert wurde es durch die englischen
Truppen mehrfach geplündert und schliesslich 1365 verbrannt. 1443 verwüsteten die Armagnaken die Abtei,
welche infolge dessen auf die Stufe eines einfachen
Priorats sank. Durch fromme Gaben wurde die neue
gotische Kirche erbaut, deren Ruinen wir heute bewundern. (Jahreszahl der Erbauung 1490 am Fenster-
sims eines Turmes.) Die aufständischen Bauern, welche
sich 1525 in dem damals stark befestigten Burgheim
versammelt hatten, zogen von dort zunächst nach Truttenhausen, wo sie ihre ersten Greuelthaten verrichteten.
1555 verbrannte das Münster abermals und wurde von
da ab nicht mehr aufgebaut. Die Augustiner zogen in
das Mutterhaus Marbach zurück, während das Besitztum
von Truttenhausen von der Familie von Landsperg ein-
gezogen wurde. Diese verkaufte es später an das Dom-
kapitel Strassburg, das aus den Steinen der Ruine des
Klosters die Meierei Truttenhausen und den Zehenthof
auf dem Bühl bei Barr erbaute. Später erwarben die
Landsperg das Gut zurück und verkauften es endgültig
im Anfang des neunzehnten Jahrhunderts an die Barone
von Türkheim, welche bei der malerischen Ruine ein
freundliches Schloss erbauten.

Im Innern der Mauern sieht man Reste mehrerer
Grabsteine. Der Turm ist mehrfach (glücklich) restauriert
und wird von einem Schlosswärter und seiner Familie
bewohnt. In die Aussenseite der Ruine ist eine guss-
eiserne Tafel eingelassen, welche die Unglücksfälle des
Baues aufzählt. — Die Erlaubnis zum Eintritt wird
gegen vorheriges Ansuchen gewährt.

V.
Geschichte des Odilienberges.

Wo früher blosse Vermutungen die Vorzeit des Odilienberges zu erhellen versuchten, bieten die kürzlich ausgeführten Ausgrabungen heute annähernd sichere Daten.*)
Schon zur späteren Steinzeit sehen wir eine menschliche
Ansiedlung den Gipfel des Berges und seine Abhänge einnehmen. Dort gefundene Steinbeile, Topfscherben, Pfeilspitzen, Feuersteine etc. aus jener Zeit geben darüber Auf-
schluss. Nach drei Seiten war dieser Punkt von Natur aus
durch steil abfallende Abhänge geschützt. Nur die Südseite,
nach welcher Richtung der Bergrücken sich fortsetzt, bot
bequemen Zugang und ist durch einen künstlich ver-
tieften, noch heute sichtbaren Bergeinschnitt geschützt.
In späterer Zeit zog sich indessen die Bevölkerung von
der Bergeshöhe zurück — gleiche Verhältnisse findet
man auch bei andern hoch gelegenen Ansiedlungen jener
Zeit — und setzte sich im Thale fest. Auf dem Berggipfel verblieb lediglich die Kultusstätte, die hier schon
seit der Urzeit ihren Fuss gefasst zu haben scheint, und
durch mancherlei Anzeichen und Funde belegt wird;
auf diese, den „Heidentempel", werde ich weiter unten
zu sprechen kommen (vgl. Kapitel „Heidentempel", S. 50).
Erst als eine neue Bevölkerung Herrin des Landes
geworden, als den gewaltigen Keltenzügen des 5. und 4.
Jahrhunderts v. Chr. eine Zeit der allgemeinen Erschlaffung
folgte, als (nach Cäsars Zeugnis) der Kelten, nur „ans
Besiegtwerden gewöhnt", die „Germanenfurcht" sich be-
mächtigt, als überall Refugien entstanden, da gedachte

*) Ueber die Belege etc. vgl. die spätern Kapitel.

Ansicht des St. Odilienklosters von oberhalb Niedermünster aus gesehen.

Von Prof. Julius Euting.

man auch wieder des Odilienberges als sicheren Zu-
fluchtsortes. Damals, in der Zeit zwischen jenen Keltenzügen und der Epoche Cäsars, entstand auf dem Odilienberge das gewaltige Bauwerk der Heidenmauer, bestimmt, in Zeiten der Gefahr der ganzen umliegenden Bevölkerung als schützendes Refugium zu dienen. Im zweiten,
wohl schon dritten Jahrhundert v. Chr. sassen hier die
keltischen Mediomatriker, so dass man also diesen
die Erbauung der Heidenmauer zuschreiben muss.*)

Trotz dieses gewaltigen Bollwerkes dringen indessen
zwischen 58 und 55 vor Chr. im Gefolge Ariovists die
germanischen Tribokker über den Rhein, drängen
die Mediomatriker ins Lothringerland und nehmen vom
Unterelsass Besitz. Sie bleiben auch nach des germanischen Häuptlings Ariovists Niederlage durch Julius Cäsar
im Lande — aber das Elsass wird nun römische
Provinz und zur Germania superior geschlagen. Die
„Heidenmauer" hat nun alle Bedeutung verloren, aber
auf den weit ins Land schauenden Felsvorsprüngen
bauen die Römer sich Speculae, strategische Signal-
stationen und Beobachtungsposten. Mehrere solche Wachtposten dürften damals auch auf dem Odilienberge errichtet worden sein, vielleicht auch ein kleines Castell
auf dem Plateau des Odiliengipfels, da, wo heute das
Kloster steht. Viele halten sogar noch den heute die
Engelskapelle bildenden Turm für eine römische Anlage.
Aus dieser Zeit stammen die hier gefundenen zahl-
reichen römischen Gefässreste, Münzen, Löffel etc.

Der ruhigen Zeit der römischen Occupation folgte bald
ein neuer Sturm. Die Germanen, diesmal Alemannen,
dringen unablässig über den Rhein und setzen sich schliesslich unter Verdrängung der Römer im Elsass fest (3.
und 4. Jahrhundert n. Chr.). Damals mag von neuem
und oft die Heidenmauer ihrem alten Zwecke als Zu-

---

*) Wahrscheinlich aus dieser, wenn nicht noch älterer
Zeit, datirt der urkundlich noch im 8. Jahrhundert n. Chr.
vorkommende keltische Name des Berges „Altitona" =
„der hohe Berg" (später Hoenburc, Hoinborch, Hohenburc,
Hohenburg.)

Fluchtsort der umliegenden Bevölkerung zurückgegeben worden sein. Den Alemannen und Vandalen (eine Zerstörung durch Letztere angeblich anno 407 n. Chr.) folgte nach den Stürmen der Völkerwanderung die Herrschaft der Merovinger. Hier tritt Herzog Eticho (um 660) auf den Plan. Er soll auf der „Hoinburch" — Höhenburg eine Burg erbaut, in Wirklichkeit wohl ältere, teilweise zerstörte Bauten umgebaut und erweitert haben. Etichos Tochter Odilia und ihre Geschichte (siehe das Kapitel Odilienlegende) bezeichnen den Zeitpunkt, da die Besitzer des Altitona das Christentum annahmen. Der dortige Heidentempel ward damals christianisiert, d. h. dem christlichen Kult dienstbar gemacht. Damals war es, dass die Burg in ein Kloster umgewandelt wurde, das der Jungfrau Maria und dem heiligen Petrus geweiht war (anno 680 n. Chr.; nach Silbermann war der Klosterbau 690 vollendet). Urkundlich steht fest, dass dies Kloster von Karl d. Gr. einen Schutzbrief besass, der 837 von Ludwig dem Frommen erneuert wurde. (Urkunde im bischöflichen Archive zu Strassburg noch erhalten!). Auch im Teilungsvertrag von Mersen anno 870 zwischen Ludwig dem Deutschen und Karl dem Kahlen wird der „Hoinborch" gedacht. Sicher ist ferner, dass zwischen 870 und 1050 das Kloster in Verfall geriet, vielleicht auch unter dem Hunneneinfalle (933), jedenfalls sehr viel unter Bränden (1045 und 1049) zu leiden hatte. Papst Leo IX., ein Elsässer von Geburt, liess die Klostergebäude und die Klosterkirche anno 1049 wieder aufrichten und weihte sie anlässlich seines Besuches. Schon 1050 wird dort von einer „grösseren Kirche und von einem Altar in einer andern Kirche zum Haupte der heil. Odilia" gesprochen. Das ist zugleich das erste Mal, dass Odiliens Name urkundliche Erwähnung findet. Damals geschieht auch der „Heidenmauer" als Grenze des Klostergebietes „intra septa gentilis muri" Erwähnung. War Friedrich der Einäugige (1105—1147) als Kastvogt des Klosters ein schlechter Sachverwalter, so bezeugte dagegen Kaiser Friedrich Barbarossa (anno 1185 in Oberehnheim) umsomehr Interesse für

das Odilienstift. Er nahm sich sowohl der vernachlässigten
Bauten, als der Privilegien und der Zucht der Hohenburg
ernstlich an und berief seine Base Relindis († 1167)
aus dem Kloster Bergen bei Neuburg a. d. D. als Aeb-
tissin. Diese brachte das Kloster wieder auf die alte
Höhe; noch mehr ihre Nachfolgerin Herrad von
Landsperg († 1195), besonders berühmt durch ihr reich
mit Miniaturen geschmücktes, 1870 verbranntes Manuscript, den Hortus deliciarum. (Vgl. Kap. XIX.)
Hier war es auch, wo damals König Tancreds († 1194)
Witwe Sibylle als Gefangene des Kaisers Heinrich VI.
residierte. Die Hohenstaufen waren häufige Gäste auf
St. Odilien. Anno 1354 besuchte auch Kaiser Rudolf
IV. das Kloster. Er liess den Sarg der heil. Odilia auf-
brechen und ihm zur Mehrung seiner Prager Reliquiensammlung den rechten Arm der Heiligen entnehmen
(vgl. Kap. XVII). Im Jahre 1474 stattete König Christian
von Dänemark als Rompilger dem Kloster einen Besuch
ab. Allmählig jedoch verfiel das Kloster und mit ihm
die Zucht. Zahlreiche Brände suchten die Gebäude heim;
dazu gesellten sich später noch mancherlei Plünderungen.
Ich habe diese Unglücksfälle im folgenden Abschnitte
zusammengestellt und erwähne hier nur den mächtigen
Brand von 1546, der die Mehrzahl der Bauten zerstörte.
Die Nonnen zerstreuten sich, mehrere legten den Schleier
ab; die letzte Aebtissin, Agnes von Oberkirch, bekannte
sich zur Reformation. Auch die Hauptkirche fand ihre
Zerstörung, als 1572 ein Blitz ihren Brand verursachte.
Ihre Ruinen sind noch auf Peter Müllers Plan von 1603
sichtbar. Im Jahre 1607 wurde ein neuer Bau begonnen,
in welchen 1617 die Prämonstratenser von St. Gorgon
Einzug hielten. Indessen schon 1622 zerstörte ein neuer
Brand die Gebäude, als die Mansfeldischen Truppen das
Kloster raubend heimsuchten. 1630 wurden die Bauten
wieder hergerichtet.

Die vielen Brände (1681 war wieder ein besonders
grosser) und die damit verbundenen Um- und Neubauten
haben den Gebäuden natürlich den ursprünglichen Charakter
genommen und alle Kleinkunstgeräte des Mittelalters
zerstört. Doch begann man allmählig der Hohenburg

wieder erhöhtes Interesse und insbesonders auch die
Archäologen den Monumenten des Odilienberges mehr
Beachtung zu schenken. Der damaligen Sitte folgend
sah man allerdings in jedem Felsblocke, der sich durch
Form, Becken oder Rinnen auszeichnete „Druiden-Altäre"
und „blutige Opfersteine". Goethe besuchte anlässlich
seines Strassburger Aufenthaltes den Odilienberg und
gedenkt in „Wahrheit und Dichtung" „einer mit hundert,
ja tausend Gläubigen auf dem Ottilienberg begangenen
Wallfahrt. Hier, wo das Grundgemäuer eines römischen
Castells noch übrig, sollte sich in Ruinen und Steinritzen
eine schöne Grafentochter aus frommer Neigung aufge-
halten haben. Das Bild, das ich mir von ihr machte,
und ihr Name, prägte sich tief bei mir ein . . ."

Die Revolution brachte von neuem Zerstörung. Die
Gebeine der heil. Odilia wurden zwar rechtzeitig dem
Sarge entnommen und nach Ottrott in Sicherheit gebracht,
der Sarg selbst aber durch die Revolutionsmänner 1793
seines Schmuckes beraubt,*) das Kloster als Nationalgut
erklärt. Dann gieng das Ganze in Privatbesitz über und
durch verschiedene Hände, bis es 1853 durch Bischof
Räss erworben und durch Geistliche, sowie Schwestern
von Rheinacker neu besetzt wurde. Das damals ver-
waiste Kloster begann nun allmählig wieder ein viel-
besuchter Wallfahrtsort zu werden. Die Forscher traten
seiner Geschichte näher und auch für die Touristen
wurde es ein beliebter Ausflugsort. Heute ist der Besuch
durch Wallfahrer, Touristen und Männer der Wissenschaft
bereits ein enormer und noch mit jedem Jahre stets
mehr wachsender.

---

*) Näheres vgl. man hierüber Kap. XVII.

Tafel V.

Miniaturen aus dem „Hortus deliciarum" der Herrad von Landsperg (vgl. Kap. XIX).

Verkleinerte Facsimiles mit Darstellung gewappneter Krieger, welche eine befestigte Stadt oder Burg berennen und in Brand stecken. Die Krieger tragen den normannischen Helm und Ringbrünne, den hohen Schild. Schwert und Lanze.

VI.
Tafel der Klosterbrände.

Anno

1045 wird die Kirche durch zufälligen Brand zerstört, jedoch im selben Jahre wieder aufgebaut und durch den Bischof von Toul, Bruno von Dagsburg, eingeweiht.

1049 werden Kloster und Kirche durch zufälligen Brand zerstört, aber sofort wieder aufgebaut. Bischof Bruno von Dagsburg, im selben Jahre Papst IX. geworden, sendet zum Wiederaufbau Gelder und weiht anlässlich seines Besuches Kirche u. Kloster zum zweiten Male (von ihm die Stiftungsbulle vom Jahre 1051).

Um
1330
bis 40 geräth das Kloster unter Friedrich II., Herzog von Schwaben, in Verfall. Friedrich zieht die Güter der Kirche an sich und hinterlässt die Abtei fast völlig zerstört (Bulle des Papstes Lucius III. vom Jahre 1185, wonach Friedrichs Sohn, Kaiser Friedrich II., Abtei und Kirche

Anno

wieder in Stand gesetzt und Relindis als Aebtissin eingesetzt habe).

1099 verbrennt das Kloster, die Kirche wird gerettet.

1224 verbrennt ein Teil des Klosters, wobei von grossem Wassermangel berichtet wird.

1243 verbrennt das Kloster infolge eines Waldbrandes.

1301 verbrennt das Kloster abermals aus derselben Ursache.

1400 brennt Hohenburg wieder grösstenteils ab.

1473 Das Kloster wird infolge eines Waldbrandes (besonders heisser Sommer) teilweise zerstört.

1474 Armagnaken Karls des Kühnen berauben und verbrennen das kaum erst wiederhergestellte Kloster.

1546 verbrennt das Kloster infolge Brandausbruches in der Badezelle der

Anno

Aebtissin Agnes von Oberkirch. Specklin, der den Brand selbst sah, berichtet darüber: „Im Jahr 1546 hat die Aebtissin Agnes von Oberkirch gebadet und das Badhaus versperret; indem gehet in demselben ein Feuer aus, die Klosterfrauen und andere klopften an und ruften: Gnädige Frau, das Badhaus brennt! indem nahm das Feuer so plötzlich überhand, dass sie nackend aus dem Bade lief. Gar wenig ist gerettet worden, denn es verbrannte fast alles nebst der Kirche und dem Kreuzgang; die Glocken im Turme verschmelzten, und gieng ein grosser Schatz zu Grund. Man sah das Feuer im ganzen Land, zu Basel und im Schwarzwald, und bis Rastatt".

1572 zerstört der Blitz auch die Hauptkirche. Das Ganze bleibt in Trümmern, bis 1607, wo der Grundstein zu einer neuen Kirche gelegt wird. Das Kloster beziehen Prämonstratenser.

Anno

1622 werden die Gebäude des Klosters durch die Leute des Grafen Mannsfeld (30 jähr. Krieg) in Brand gesteckt und die Kapelle beschädigt (1630 wieder aufgebaut).

1633 Beraubung durch die im Elsass herumstreifenden Schweden.

1674 mehrmalige Plünderung durch französische und deutsche Streiftruppen. „Selbst die Schlösser wurden von den Thüren losgerissen und eine kaum neu aufgerichtete Orgel von den Brandenburgern abgebrochen und weggeführt."

1681 Klostergebäude und Kirche, „mit Ausnahme der 4 alten Kapellen", verbrennen infolge Waldbrandes (heisser Sommer). Neubau 1684 begonnen, die Kirche 1687.

1793 werden Kirche und Kloster durch die Revolutionsmänner beschädigt, am Odiliensarge wird die Stirnplatte zerstört; (1799 von Canonicus Rumpler wieder hergestellt).

VII.
Die Legende von St. Odilia.

Die vielbesungene schöne Legende von St. Odilia
fällt in eine Zeit, aus welcher keine diesbezügliche Urkunden mehr erhalten sind. Die hauptsächlichste Litteratur, welche sich darüber gebildet hat, ist im XX.
Kapitel zusammengestellt. Hier sei nur bemerkt, dass
neuerdings besonders Prof. Ch. Pfister in seiner
Schrift „Le Duché Mérovingien d'Alsace et la légende
de Sainte-Odile" (Nancy, 1892) wertvolles Material über
diese Legende zusammengetragen hat, vornehmlich als
Widerlegung der Deutung Prof. Roths (Alsatia 1856—57),
wonach die Mönche von Ebersmünster Verfasser der
Legende gewesen wären. In ihren Chroniken, von ca.
1000—1250 reichend, ist die Odilienlegende bereits in
der von dort an üblichen bekannten Gestalt vorhanden.
Papst Leo IX. befestigte jene Form durch seine im
Jahre 1050 dem Konvent gegebene Bulle. Die Legende
lautet in der massgebenden Form — die Zeit hat natürlich mancherlei Abweichungen geschaffen — ungefähr
folgendermassen :

Herzog Atticus (Eticho) residierte zu Oberehnheim. Dieweil er von der Jagd kam, gebar ihm seine
Gattin Bereswinda sein erstes Kind — ein Töchterlein,
schwach und blind. Das entsprach den Wünschen
Etichos wenig und er drohte, das Kindlein zu töten.
Die Mutter brachte es deshalb nach dem Stifte Palma
(Baume-les-Dames in Burgund) in Sicherheit. Bei
der Taufe, als der Bischof Ehrhard von Regensburg das Kind dem heiligen Wasser anvertraute,
schlug es die Augen auf und wurde sehend. —

Das Mädchen wuchs heran, ihr Bruder sehnte sich nach
ihr und rief sie nach Hohenburg, Herzog Etichos
„hohe Burg". Doch als der Vater hörte, dass sein ver-
meintlich immer noch blindes Kind doch lebe, als er
dessen Einvernehmen mit dem Bruder Hugo entdeckte,
als er von der Hohenburg aus die Tochter das Thal
hinaufsteigen sah, da ergrimmte er und erschlug seinen
Sohn. Reue kam über ihn. Sich seiner Tochter zu
Füssen werfend, gab alle Liebe er nun dieser. Doch
auch das dauerte nicht lange. Reiche und hohe Freier
warben um die Hand des prächtig heranwachsenden
Mägdleins. Eticho traf seine Wahl — doch Odilia wollte
des Himmels Braut sein. Sie entfloh dem starrköpfigen
Vater und eilte über den Rhein in die Gegend der
heutigen Stadt Freiburg. Der Weg, den sie nahm, heisst
heute noch im Volksmund der „Wiwelesweg". Ihr folgten
ihr Vater und der ihr bestimmte Bräutigam. Schon
trafen diese sie im Walde bei Freiburg — sie schien
verloren — da öffnete sich eine Felswand und entzog
Odilia den Verfolgern (daher noch heute bei Freiburg
der „Odilienberg"). Das neue Wunder bekehrte Eticho:
er schenkte der zurückkehrenden Tochter die Burg
„Hohenburg", die Odilia in ein Kloster verwandelte.
Bald waren alle des Lobes voll ob Odiliens segensreicher
Thätigkeit, ob ihrer Wunderthaten und ob ihrer Heilig-
keit. Die Legende berichtet, dass selbst im Sterben (ca.
720) sie noch den sie beweinenden Schwestern Trost und
Segen spendete. Ein Engel erschien und brachte ihr den
Leib Christi in einem Kelche, der lange noch im Kloster,
später zu Zabern gezeigt wurde. Königshofens
Chronik giebt den Stich einer gotischen Tapisserie
vom Ende des XV. Jahrhunderts, welche die Legende
bildlich veranschaulicht. Das Original wird noch heute
im Stifte St. Stefan zu Strassburg aufbewahrt. (Abgebildet
bei Schricker, „Kunstschätze in Elsass-Lothringen"
Strassburg 1896, Nr. 112, und hier auf den Tafeln
VI und VII.)

1   2   3   4   5

Gotischer Teppich mit Darstellungen aus der St. Odilienlegende.

Elsässische Gobelinwirkerei vom Ende des XV. Jahrhunderts, jetzt im St. Stefan-Stifte zu Strassburg i. E.

1. Herzogin Bereswinda gebiert eine blinde Tochter. 2. Die blinde Odilie wird während der Taufe durch Bischof Ehrhard sehend. 3. Heimkehr Odiliens: ihr auf Hohenburg sie erwartender Bruder wird von Herzog Eticho erschlagen (im Hintergrunde die Hohonburg).

4. Der Vater bereut den Tod seines Sohnes an dessen Sterbebette. 5. Versöhnung Etichos mit Odilie und Uebergabe der Hohenburg an Odilia.

Tafel VII.

Gotischer Teppich vom Ende des XV. Jahrh., mit Darstellungen aus der Odilienlegende.

6, Tod des Herzogs Eticho. 7. Odilia betet für ihren im Fegefeuer schmachtenden Vater: ein Engel führt Eticho gereinigt gen Himmel; Odilia gründet Niedermünster (Nieder-Hohenburg); ein 70 Schuh von Felsen herunter gestürztes Gespann bleibt unversehrt; Odilia pflanzt die Odilienbäume; (vorn Niedermünster, hinten Kloster Hohenburg-St. Odilien, links Oberehnheim). 8. St. Odilia betet. 9. Ihre Seele wird während der Messe von einem Engel gen Himmel entführt. 10. Die im Sarge liegende St. Odilia erwacht, empfängt nachträglich die Sterbesakramente und stirbt umgeben von den sie beweinenden Nonnen.

6 7 8 9 10

4*

VIII.
Die St. Odilienquelle.

Die Quelle der heil. Odilie entstand, so berichtet die Legende, als ein müder Greis, zum Kloster wandernd, vor Ermüdung und Durst umsank und ihm die wunderthätige Frau an jener Stelle erschien, mit dem Stabe an die Felswand schlug und labendes Wasser hervorquoll. Seither gilt die Odilienquelle als heilend besonders allen Jenen, denen Augenkrankheiten anhaften. Daher die auffallend grosse Zahl augenkranker Pilger — daher die Augen-Ex-votis in der Kapelle, welche das Attribut der heil. Odilie: zwei sehende Augen tragen.

Die Quelle liegt nördlich unterhalb des Klosters und rinnt klar aus einem unterhöhlten Felsen hervor. Dort stand ehedem ein Steinkreuz, von dem aus das Wasser in einem Steintroge aufgefangen wurde. Anno 1722 überbaute man den Ort mit einem Häuschen, das jetzt aber verschwunden ist. Heute ist die Quelle durch ein Eisengitter verschlossen und durch Wasserwerk und Leitung mit dem Kloster verbunden.

Bedenkt man den hohen Wert der Odilienquelle für die Verteidiger der Heidenmauer, so muss man füglich erstaunen, dass niemand bisanhin daran dachte, die Quelle sei ehedem in den Mauerring einbezogen gewesen. Weder in den ältern Karten, welche die Mauern rings um das Kloster gehen lassen, noch in den neuern, welche sie bloss an die Klosterfelsen anstossen lassen, fehlt eine diesbezügliche Andeutung. Ich glaube aber, dass ihre Einschliessung in den Mauerring strategisch eine Notwendigkeit war, denn man gab sich damit eine reiche Wasserquelle und entzog damit gleichzeitig dem Belagerer auf eine weite

Strecke das Wasser. Wenn keine Mauerreste dort mehr
sichtbar sind, so ist das durch das starke Gefäll erklärlich.
Aber anlässlich der Grabungen für die Wasserleitung
stiess man 1898 auf dem Wege zur Quelle auf Reste der
Heidenmauer, deren Quader nach Aussage der
Arbeiter noch mit Schwalbenschwänzen verbun-

den waren. (Lei-
der waren Letztere
damals von den Ar-
beitern bereits weg-
geworfen worden.)
Meine oben ausge-
sprochene Vermut-
ung scheint dadurch
an Halt zu gewinnen
(vgl. meinen Plan
Taf. X.)

Die andern
Quellen am Berge
sind heute ohne
grosse Bedeutung.
Die St. Johannes-
quelle auf dem
Bergplateau liefert
nur noch sehr wenig
Wasser, dürfte frü-
her aber reicher
geflossen sein. Sie ist
ausgemauert. Aus
Sandstein gehauene
Rinnen führten ehe-
dem das Wasser in
ein grosses Bassin.

Die St. Odilienquelle (jetzt durch ein Gitter
abgeschlossen).

Diese Steinrinnen sind indessen heute verschüttet. Im
Volksmunde heisst die Quelle der „Kannsbrunnen". — Auf
der Bloss befindet sich bei Nr. 10 des Planes im felsigen
Boden eine viereckige teilweise jedenfalls künstliche Grube,
die als Cisterne gedient zu haben scheint und seit
langer Zeit schon die „Wildsaulach", im französischen
Sprachgebrauch „l'abreuvoir de la Bloss" heisst. Weiter

gegen Süden ist eine von A. Siefert wieder aufgefundene
runde Cisterne. Ihr Name „Heidenbrunnen" da-
tiert erst aus neuerer Zeit und ist ihr vom Entdecker in
Anlehnung an die verwandten alten Namen Heidenmauer, Heidenweg etc. gegeben worden. — Eine andere
Quelle am Westabhange unterhalb der Mauer heisst von
Alters her „Die Badstub". Ihr Name lässt vermuten,
dass ehedem sich über dieser Quelle ein kleiner Holzbau
wölbte, der den Bewohnern der benachbarten Dreisteinschlösser als Baderaum diente. Noch 1825 war
die Quelle von einem „viereckigen, nicht altertümlichen
steinernen Behälter eingeschlossen"; daneben stand ein
Häuschen, das jetzt verschwunden ist. Sie ist heute neu
gefasst.

IX.

Alte Sagen.

Vom „Hexenplatz", einer romantischen Steinwüste nordwestlich der Heidenmauer gegen den Elzberg zu (vgl. Kapitel XV) geht die Sage, dass dort Hexen und der wilde Jäger hausen. Wild durcheinandergeworfen türmen sich dort mächtige Felsen übereinander und pflastern den Boden, dass der Wanderer von Block zu Block springen oder bergauf bergab klettern muss. Wild und gespenstig mutet der ganze Platz an — trefflich geschaffen zur Entstehung unheimlicher Sagen!

Der uralte Weg, der von Ottrott zu der Heidenmauer emporführt („Römerweg"), und dessen Grund Steinpflaster mit tiefen Schlittgeleisen zeigt, gilt im Volksmunde als ein Werk des Teufels — das Volk nennt ihn das „Teufelspflaster".

Beim weitaufragenden „Wachtstein" sollen ehedem am Felsen Ringe sichtbar gewesen sein. Ob eiserne, wie die Tradition behauptet, oder bloss eingravierte, die jetzt verwittert sind, wollen wir hier nicht untersuchen. Der Maler Peter Müller zeichnet sie sogar auf seinem Plane von 1603 deutlich ab. Davon berichtet die Sage, die Ringe seien ein Überbleibsel aus der Zeit der Sündflut: „Vor Zeiten sei das Elsass ein See gewesen, nur der Odilienberg habe daraus hervorgeragt (die Sage entbehrt, wie man sieht, des geologischen Hintergrundes keineswegs). Dort habe man am Wachtstein an jene Ringe die Schiffe angebunden. Andere sagen, dass dort die Arche des Noah angebunden gewesen sei."

Besondere Beachtung verdient endlich, weil auf den alten Steinkultus hinweisend, die Sage vom Thränen-

stein in der Thränenkapelle, einem Schaalensteine,
den sich das Volk folgendermassen ausgelegt hat: „Darzu
„(St. Odilia) so lang umb jn (Etichon) geweinet, das von
„den threnen so aus ihren Augen auff den Felsen ge-
„troffen seindt, ein tieff loch ist worden" (Schricker,
nach II. Gebwiler) (vgl. hier pag. 74). — Ebenso bezeichnet die Sage die am Quellenfelsen ehedem dort
sichtbaren Vertiefungen im Steine als die 3 Finger-
abdrücke der heil. Odilia.

Nicht zu vergessen ist endlich die Sage, dass Mädchen,
die 9 Mal um die Engelskapelle gehen, noch im
selben Jahr einen Mann erhalten — und dass Pilger,
die den Umgang 9 Mal machen, sichere Heilung finden.
So lautet die alte Volkstradition. In dieser spielt das
mehrmalige Umgehen geweihter Stätten so oft
eine Rolle, dass man sich füglich fragen darf, ob auch
hierin nicht ein bis in die Vorzeit zurückreichender
Brauch vorliege!

X.

Die alten Strassenzüge.

Uralt sind manche Wege, besonders die als „Hexen-
pflaster", auch „Teufelsweg" bezeichneten, häufiger
„Römerwege" genannten Strassen, die einerseits von
Ottrott, anderseits von Barr nach dem Odiliengipfel
emporführen. Diese Wege sind älter als die Zeit der
römischen Occupation und datieren wohl aus der Epoche
der Herstellung der Heidenmauer. Sie zeigen eine Art
grobes Steinpflaster mit vielfachen Schlittgeleisen
und sind besonders dadurch charakterisiert, dass sie tief
in den Erdboden eingeschnitten und auf einer
Seite durch einen künstlichen Wall flankiert sind.
Ehedem soll diese Strasse mit einer Art Pflaster aus
sorgfältig aneinander gefügten Steinplatten belegt gewesen
sein. Die Steine dieses „Teufelspflasters" waren „von
verschiedener Grösse und zwar anderthalb bis sechs
Schuh, ins Gevierte gehauen, und vor Alters dicht aneinander gereiht. Sie lagen in einem 2 Fuss hohen
Bett von Sand und Kiesel eingesenkt, das auf einer
Grundlage von rohen, dicken Steinen ruhte, deren flache
Seite ihm zugekehrt war. Einen Büchsenschuss von ge-
nannter Sankt-Gorgons-Kapelle trifft man den ersten
Rest derselben an; denn nur Ueberbleibsel sind davon
noch in unseren Tagen übrig, überhaupt ungefähr 400
Klafter oder 780 Meter, somit kaum der sechste Teil
seiner ursprünglichen Länge. Zu verschiedenen Zeiten
sind nämlich Steine von demselben abgelöst und zu
Bauten verwendet worden; auch haben, bei starken
Schlagregen, die den Berg herunterströmenden Gewässer
Steine aus ihrem Lager gewühlt, und Niemand die Lücke

wieder ausgefüllt." So berichtet 1835 Strobel. Seither haben die genannten Ursachen und ausserdem neuere Weganlagen diesen alten Strassen so hart zugesetzt, dass man sich fragen kann, ob es mit jenem Steinplattenbelag seine Richtigkeit hatte, ob er eine römische Regulierung der alten ausgefahrenen Kelten-Strasse darstellt, oder ob — wie so oft — die Fantasie der alten Archäologen in den stellenweise (wenn auch selten) noch sichtbaren, alt-ausgefahrene Geleisrinnen tragenden Quadersteinen jenen Plattenbelag sich „zurechtlegte".

Mehrfach beobachtete ich uralte Ausweichestellen, welche durch Zweiteilung der Wege, die nach einigen 100 Schritten wieder zusammenkommen, erreicht sind. Unterhalb des „Stollhafens" sieht man deutlich diese Weganlagen. Dort spaltet sich übrigens der „Römerweg". und während der eine in gerader Linie zu der „Grossmatt" hinaufführt, biegt der andere rechts ab beim Stollhafen hinein in die südliche Mauerabteilung.

System der Ausweichestellen am „Römerweg".
Profil des Weges. Profil einer Ausweichestelle. Ausweichestelle
von oben gesehen.
A. Der Bergabhang. B. Die „Römerstrasse" („Teufelspflaster").
C. Der die Strasse bordierende Wall. D. Der innere Wall
bei Ausweichestellen.

Im Terrain der Heidenmauer selbst lassen sich die alten Wege, wo sie über Felsboden führten, mehrfach noch an den ausgelaufenen Steinen erkennen. Noch heute dienen manche dieser uralten Wege als Touristenpfade, doch haben andererseits neuere Weganlagen diese alten Strassen mehrfach arg mitgenommen.

Selbst einige der alten Thoreingänge haben sich erhalten. Vom Haupteingange, da wo die Ottrotter

„Römerstrasse" unterhalb des Odilienplateaus auf die
„Grossmatt" mündet, zeugen nur noch einige in den
Felsboden eingehauene Balkenlager. Dagegen sieht man
auf dem Plateau des Berggipfels bei Nr. 14 des Planes
zwei sich gegenüberliegende Felsen, welche noch deutlich
die alten Riegellager für das hölzerne Thor aufweisen.
Gleich schön erhalten ist das von Dr. Koeberle aufgedeckte Thor bei Nr. 1 des Planes (vgl. Taf. VIII), von
dem aus Reste einer steinernen Treppe nach unten zur
Badstubquelle führen. Das Thor ist schmal und wird
deshalb gewöhnlich nur als „Ausfallthor" bezeichnet.

Alter noch erhaltener Thoreingang bei Nr. 1 des Planes.
Aufgedeckt von Dr. Koeberle-Strassburg.
Zeichnung von Kunstmaler C. Spindler-St. Leonhard.

XI.
Ausgrabungen auf St. Odilien.

Die Umständlichkeiten, mit denen Ausgrabungen auf
der Höhe des Odilienberges verknüpft sind, mögen wohl
die Ursache sein, dass man sich bisher auf „Hohenburg"
mehr auf „theoretische", als auf „praktische" Archäologie
verlegt hat. — Viel ist auf dem Plateau des Berges
durch die mittelalterlichen und neuern Klosterbauten
zerstört und dadurch der Boden dort sehr durchwühlt
worden. Mitte dieses Jahrhunderts begann man die gelegentlich zu Tage tretenden Objekte, wie Münzen, Eisengeräte u. dgl., aufzuheben und zu sammeln, doch blieben
leider gerade die prähistorischen Reste, weil zu unscheinbar,
liegen, während anderseits viel wertlose Fundstücke aus
neuerer Zeit sorgfältige Aufbewahrung fanden. Grössere
Ausgrabungen machte erst Prof. Voulot, doch sind leider
seine an und für sich interessanten Funde dadurch beein-
trächtigt, dass ihnen genauere Fundberichte fehlen und
Voulot das Unterscheidungsvermögen, was natürliche und
was künstliche Bildung, was vorrömisch und was nach-
römisch ist, abgieng. So sind leider die Tumuli im
Südabschnitte der Heidenmauer abgegraben, ohne dass
es heute noch möglich wäre, mit Sicherheit die früheren
Grabanlagen von denen der merovingischen Zeit zu
trennen. Voulot fand dort aus Steinen erbaute Tumuli
ohne Knochen und Beigaben (vielleicht prähistorisch),
ferner unter anderen Skelettgräbern ein merovingisches
Frauengrab mit goldenem Fingerring, bronzener Riemen-
schnalle, einer Perlenkette, einem Glasbecher, silbernen
Ohrgehängen und einem Spinnwirtel. Levrault hat
dort einen Steintumulus geöffnet und bei den „Druiden-

höhlen" gegraben, aber keinerlei Funde zu Tage ge-
fördert.

Aus römischer Zeit datieren die auf dem Odilienberge zahlreich gefundenen Münzen. Wenig ist davon
noch erhalten, doch beweisen die alten Nachrichten,
dass sich solche sowohl aus der früheren, wie aus der
späteren Kaiserzeit gefunden haben; jene der Zeit Kon-
stantins überwiegen. „Schöpflin erhielt eine goldene,
auf diesem Berge gefundene Hafte (Fibel oder Agrafe ?),
worin eine Münze vom Kaiser Valentinian II. eingefasst
ist" (Pfeffinger, p. 20). Ich selbst fand dort bei meinen
Ausgrabungen römische Scherben, Amphoren-
henkel und auf der Grossmatt eine römische Terra-
sigillata-Urne.

Bei Gelegenheit der Strassburger Anthropologenversamm-
lung im Jahre 1889 fand auch ein Besuch des Odilienberges
statt. Bei diesem Anlasse öffnete der Vogesenclub unter
Leitung von Prof. Euting ein altes Grab (Flachgrab
eines Kindes), das zwei silberne Ohrgehänge und Reste
eines mit einer Goldborte verzierten Gewandes, sowie ein
kleines silbernes Zierbeschläge enthielt. Wie man sieht,
waren die hier bestatteten Toten keineswegs arm; aber
auch dieses Grab ist nicht vorhistorisch, sondern früh-
mittelalterlich.

Bei Grabungen anlässlich der Herstellung des Kloster-
hofes und bei Legung der Wasserleitung stiessen die
Arbeiter — wie ich nachträglich erfuhr — auf schwarze,
rohe, Steinchendurchsetzte Scherben und mehr-
fache Aschenschichten. Leider war damals niemand
da, der diese Sachen aufhob und sie giengen verloren. —
Meine 1898 begonnenen Ausgrabungen bei den unten zu
besprechenden Steinbruchfelsen bei Nr. 4 des Planes ergaben
eine Aschenschicht, aber bisher sonst keinerlei weitere
Funde. Dagegen traten zahlreiche Scherben, die ich als
prähistorische erkannte, anlässlich der 1898 in Angriff
genommenen Kanalisationsarbeiten am Nordabhange des
Berggipfels und bei meinen Ausgrabungen auf dem
Plateau des Berges und auf der Grossmatt, sowie an den
beiden Bergabhängen zu Tage. Zum ersten Mal ergaben
sich dort Funde, welche durch sich selbst die Besiede-

lung des Odilienberges schon zur Steinzeit erweisen.
Es fanden sich verzierte und unverzierte neolitische
Scherben, Silexe, Spinnwirtel, Knochen, ein seltsamer
Steinkreis (vgl. Kapitel XII), ferner spätere Scherben
und weiter die oben erwähnte römische Becherurne, sowie
andere römische Gefässreste. Diese Funde habe ich
dem Klostermuseum von St. Odilien gestiftet, damit
sie zu weitern Ausgrabungen anregen mögen. [1]

[1] Über die anlässlich dieser Ausgrabungen 1898 aufgedeckten
Steinbrüche aus der Zeit der Erbauung der Heidenmauer vgl. Kap.
XIII u. XIV.

XII.
Der Heidentempel.

Dass der Odilienberg schon in vorchristlicher Zeit ein Wallfahrtsort gewesen, ein Heiligtum barg, ist sicher. Die alten Schriftsteller sprechen von einem nahe dem Abhange gelegenen „Heidentempel", dessen Reste ehedem dort zu sehen waren. Es seien 6 im Kreise gestellte, rohe Steinsäulen gewesen: das Innere dieses Steinkreises soll eine runde, in den Felsen gehauene Vertiefung ähnlich jener bei der St. Michaelskapelle bei Zabern, besessen haben. Die 6 Steinsäulen waren bis 1733 sichtbar, 1734 wurden sie abgebrochen. Die runde Vertiefung war lange noch zu sehen. Nach den Einen soll sie da gelegen haben, wo heute die Bedürfnisanstalt liegt, nach Andern durch das Wirtschaftshaus rechts vom Eingangsthor überdeckt worden sein. Peter Müller hat in seinem Plane von 1603 (reproduciert bei Pfeffinger, 1812) diese Steinsäulen abgebildet. Sie waren damals mit einem runden Dache überdeckt und bildeten eine Kapelle. Wie die alten Chronisten berichten, ist dieser Steinkreis zur Zeit Etichos vom Bischof Leodegar den Patronen des Elsasses geweiht, d. h. christianisiert worden. Ursprünglich dürften dort wohl mehrere incinandergelegte Steinkreise bestanden haben, nach Art jener von Stonehenge (nur kleiner) und nach Art jenes Miniatursteinkreises, den ich bei meinen Ausgrabungen auf der Grossmatt unterhalb des St. Odilienklosters zusammen mit Steinzeitscherben aufdeckte, und der jedenfalls nach Kinderart den grossen Steinkreis im Kleinen nachbildete.

Pfister (le Duché mérov. d'Als.) denkt mit guten Gründen an die Göttin Rosmerta als die ehedem auf dem Odilienberge verehrte heidnische Göttin. St. Odilia wäre ihre christliche Erbin. Sicher ist jedenfalls nunmehr, dass der bis anno 1734 erhaltene „Heidentempel" in der That das urzeitliche Heiligtum des Odilienberges bildete.

XIII.

Die Heidenmauer, ihr Bau, ihr Zweck und ihre Erbauer.

Neben dem Strassburger Münster ist die Heidenmauer von St. Odilien das gewaltigste Bauwerk des
Elsass', eines der grossartigsten prähistorischen
Denkmäler Europas. Sie umkränzt mit einem
Flächenraum von mehr als 100 Hectar das ganze Plateau
des Berges vom „Männelstein" bis zum Hagelschloss
und hat bei ca. 10,500 Meter Umfang und 3 Kilometern
längster Ausdehnung, ca. 1,70 Meter ziemlich gleich-
förmige Breite resp. Dicke! Ehedem $1^1/_2$ bis $3^1/_2$ Meter
hoch, je nach Gestaltung des Terrains (Peltre spricht
sogar von 15 Fuss Höhe), ist sie heute abwechselnd noch
1 bis 2, selten 3 und $3^1/_2$ Meter hoch. Durch ihren
Aufbau am Rande steil abfallender Felsen erscheint sie
allerdings, von aussen gesehen, vielfach noch weit höher
und mehrorts ganz unersteigbar. An anderen Stellen
allerdings ist sie heute gänzlich verschwunden, so dass
oft nur vereinzelte Quader mit Schwalbenschwanzeinschnitten ihr einstiges Dasein bekunden. Besonders die
mittelalterlichen Kloster- und Schlossbauten haben der
Mauer arg zugesetzt, denn die mittelalterlichen Bau-
meister haben sie als willkommene Steinquelle benützt.
Ihre Quader finden sich zahlreich bei den Ruinen der
Dreisteinschlösser, wogegen oberhalb derselben die
Mauer mehrfach besonders stark zerstört, oft ganz verschwunden erscheint. Gleiches gilt für die Gegend beim
Hagelschloss, wo man geradezu im Zweifel sein könnte,
ob dort die vom Hagelschloss nach Südosten abbiegende
Linie jemals voll ausgebaut worden ist, ob also die Bau-

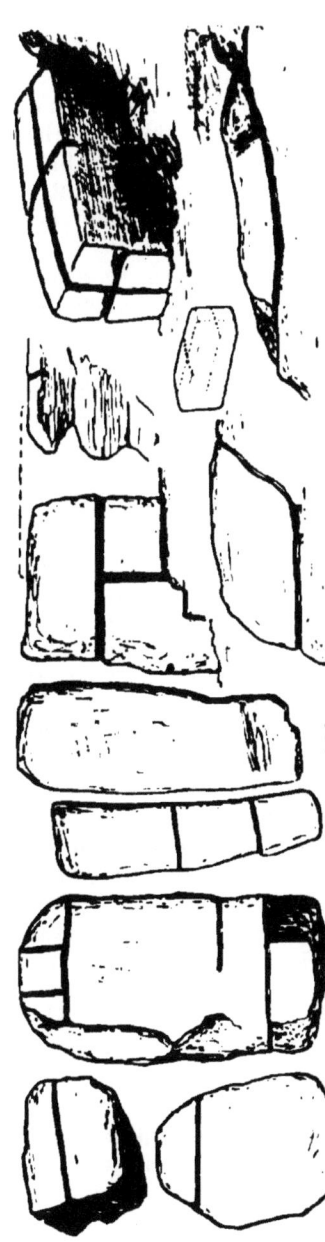

Steinbruch-Felsen und Einzelblöcke mit Sprengschnitten, aufgedeckt 1898.

1—3 Schwalbenschwänze aus Eichenholz. 4—8 Mauerquader mit Schwalbenschwanzeinschnitten.

leute des Mittelalters dort so gründlich mit der Mauer aufgeräumt haben, oder ob die Vollendung der Mauer dort aus irgendwelchen Ursachen unterblieb. Gleiches gilt auch für die daran anschliessende Parthie bis zum Hexenplatz, wo nirgends mehr die Mauer besteht, aber allerlei Anzeichen dafür sprechen, dass auch dorthin eine Abzweigung beabsichtigt war.

Die einzelnen, durch die Bodenverhältnisse gegebenen Mauerbezirke waren durch Quermauern gegeneinander abgeschlossen, davon eine beim Stollhafen, eine zweite beim Kanapeefelsen noch heute sichtbar ist. Beim mittleren Bezirke war ausserdem durch Uebermauerung des oberen Plateaurandes noch eine besondere Enceinte geschaffen.

Die Mauer besteht aus Felsquadern, wie sie ehedem auf dem Berggipfel massenhaft gelegen haben müssen. Ueber die Quadergewinnung geben die noch erhaltenen 1898 unter meiner Leitung abgedeckten und kartographisch aufgenommenen Steinbruchwerkstätten Auskunft. Man sieht mächtige Felsen durch lange, erst vorgehauene, dann gelegentlich mit Sand tiefgesägte oder mit Meisseln vertiefte Rinnen angeschnitten und in Quader zerlegt. Das Brechen erfolgte mittelst Hebestangen, Holzhämmern und Keilen. War die Mauer auf eine grössere Strecke fertiggestellt, so begann die Steinsägearbeit an einem andern Punkte der Peripherie. Manche der bereits angeschnittenen Felsen blieben dann ungebrochen liegen und bieten heute eine neue Sehenswürdigkeit des Odilienbergs. Grössere Centren solcher Steinbrüche finden sich beim Beckenfelsen, auf der Bloss und bei Nr. 1, 3 und 4 des Planes.[1]

'Die z. Th. riesigen Steinblöcke sind ohne Kalkanwendung aufeinander gelegt und durch hölzerne Riegel, sogenannte Schwalbenschwänze, untereinander verbunden (vgl. Fig. 1 Taf. IX, ein Original im Klostermuseum). Die in den Stein gehauenen Lager für jene

---

[1] Näheres über diese interessanten Steinbrüche vgl. meine Arbeit „Die Heidenmauer von St. Odilien und die dort aufgedeckten prähistorischen Steinbrüche und Besiedelungsreste", Strassburg 1899.

Holzriegel sind noch jetzt massenhaft und deutlich an den Quadern sichtbar (vgl. Fig. 4—8 Taf. IX). Diese selbst sind sehr ungleich gross; sie bilden gewöhnlich in der Mauer zwei Reiben, deren Zwischenlücken mit kleineren Steinen ausgefüllt sind. Manche Quader sind indessen so gross, dass sie die ganze Breite der Mauer einnehmen. Diese ruht ohne besonderes Fundament direkt auf dem meist felsigen Boden, doch ist dieser, wo er an der Peripherie Lücken zeigt, vorher sorgfältig mit Steinen ausgefüllt worden, um derart ein Einschleichen thunlichst unmöglich zu machen.

Sichere Spuren von Turmanlagen aus der Zeit der Heidenmauer fehlen gänzlich, dagegen hat sich noch ein Thor (aufgedeckt 1880 von Dr. Kocherle) auf der Westseite (bei Nr. 1 des Planes) fast vollständig erhalten. Spuren eines zweiten und dritten, welche den Eingang zum Berggipfel verschlossen, sind da zu sehen, wo die „Römerstrasse" von Ottrott in die Heidenmauer tritt (bei Nr. 16 des Planes) und da, wo man auf der Fahrstrasse durch zwei sich gegenüberliegende Felsen (mit Thorriegelspuren) bei Nr. 14 des Planes die Höhe des Klosters erreicht.

Als „geheime" oder „Ausfallsthore" sind mehrfach dolmenartige Felsspalten genannt worden, welche an einzelnen Stellen unter der Mauer nach aussen führen. Es sind aber zweifellos durch natürliche Ursachen (Auswaschungen und Rutschungen) später entstandene Mauerlücken.

Der Zweck der Heidenmauer war, der umliegenden Bevölkerung, den keltischen Mediomatrikern, als Zufluchtsstätte, als Refugium zu dienen, wie Caesar ähnliche Anlagen als specifisch gallische Sitte beschreibt. Dasjenige am Odilienberg war durch die Trennung in mehrere selbständige Bezirke besonders vorteilhaft angelegt. Beim Nahen eines übermächtigen Feindes oder nach verlorener Schlacht zog sich die ganze Bevölkerung, der ganze Stamm mit Weibern und Kindern, mit Vieh und Habe in diese Festung zurück. War die Zahl der Flüchtlinge oder die Zahl der Verteidiger zu gering, um den Mauerring in seiner vollen Ausdehnung zu halten,

oder waren die äusseren Mauerbezirke genommen, so zog man sich in den mittleren Ring zurück — war auch dieser (selbst noch für moderne Verhältnisse ein grosser Raum) nicht mehr zu halten, so blieb den Verteidigern immer noch die oberste, durch steile Abhänge, Mauern und Graben bestgeschützte Gipfelzone. Schon hieraus kann der Leser ermessen, welch' ungewöhnlich interessantes Terrain er vor sich hat, und wie gerade auch für die Geschichte der vorrömischen Strategie und des keltischen Befestigungswesens hier ein unvergleichlich wichtiger Studienplatz vorliegt.

Ueber die Zeit der Herstellung unserer Heidenmauer ist schon viel gestritten worden. Sie wurde ursprünglich bald den Römern, bald den Kelten, den Steinzeitmenschen u. s. w. zugeschrieben. Schöpflin und Silbermann setzten sie in's erste christliche Jahrhundert. In den letzten Jahren war Dr. Jakob Schneiders Ansicht massgebend, die Mauer sei eine römische Anlage aus der Zeit von Julian, die letzten Teile, (wozu er auch das Köpfel rechnete); seien aus der Zeit des Valentinian (369—375 n. Chr.). Sie sollte zum Schutz gegen die Alemannen erbaut worden sein. Neuerdings sind aber Prof. Ch. Pfister und der Schreiber Dieses für die schon früher aufgetauchte Ansicht eingetreten, die Mauer sei ein vorrömisches und zwar gallisches Oppidum resp. Refugium. Ich habe in meiner Arbeit über „Die Heidenmauer von St. Odilien" (Strassburg, 1899) die Gründe zusammengestellt, welche gegen eine frühmittelalterliche, römische, oder steinzeitliche Herstellung sprechen, wohl aber mit Gewalt darauf hindrängen, dass die Mauer ein gallisches Werk aus vorcäsarischer Zeit sein müsse. Ihre Erbauung fällt meines Erachtens in die Zeit der allgemeinen Erschlaffung des keltischen Elementes und zwar, wie schon oben angedeutet, in die Zeit zwischen den gewaltigen Keltenzügen des 4. vorchristlichen Jahrhunderts und jene des gallischen Krieges, also in den Lauf des 3. oder 2. Jahrhunderts vor Christus.

XIV.
Rundgang um die Heidenmauer.

Wer die Heidenmauer völlig umgehen will, braucht dazu 4—5 Stunden, denn sehr oft ist man gezwungen, von den Pfaden abzuweichen und sich durch Gestrüpp und über Felsen kletternd den Weg zu bahnen. Gewöhnlich verfolgt der Tourist die vom Vogesenclub hergestellten Wege. Diese laufen aber nicht immer genau mit der Mauer, sondern schneiden sehr oft, besonders im Nordabschnitte des Mauerringes, grössere Abbiegungen geradlinig ab. Begeht man bloss diese Wege, so genügen dem Wanderer ca. 3½ Stunden guten Marsches.

Kommt man von Ottrott, so sieht man in ca. 650 Meter Höhe links über der Schlucht das Kloster, rechts oben am Abhange Felsen und Mauerwerk — die „Heidenmauer". Man gehe indessen geradeswegs die Strasse weiter bis zu dem rechts mächtig überhängenden Oberkirchfelsen, wo man plötzlich die hier teilweise zerstörte Mauer quer über den Weg die Schlucht hinab und auf der andern Seite sich hinaufziehen sieht. Dort in der Schlucht mündete die alte gallische Hauptstrasse in die Mauer. Ueber der Schlucht steigt links die Mauer den Berg steil gegen das Kloster hinauf — sie ist dort an einzelnen Stellen noch vorzüglich erhalten und 3—3½ Meter hoch. Links hat der Tourist den Abgrund, rechts eine Wiesenfläche, die „Grossmatt", vor sich. Prächtig ist diese Fläche gelegen und zu einer Ansiedelung wie geschaffen. Sicher ist, dass sie schon seit uralter Zeit urbar gemacht worden ist und den Bewohnern der Höhe als Wiesen- und Ackerfläche gedient hat. Grabungen waren bis dato auf der untern Hälfte ohne Erfolg, auf der obern dagegen, da wo die Wiese heute an den Wald stösst, fand ich zahlreiche Steinzeitscherben, eine römische Vase und den oben erwähnten Steinkreis. Man grub dort in vorrömischer und römischer Zeit nach feinem Sandstein zu Schleif- und Mahlsteinen. Die Spuren fanden sich in ca. ³/₄—1 Meter Tiefe. Die Mauer wird dort am Rande der Grossmatt erst niedrig und verliert sich dann ganz. Dort springt in die Wiese Baum- und Buschwerk vor. In diesem liegen einige zum Sprengen angeschnittene Steinblöcke. Vorgenommene Grabungen ergaben vielen Steinschutt, aber bisher keinerlei Funde.

Dagegen ist der unmittelbar unter dem Kloster gelegene Bergabhang, den wir nun erreichen, eine überaus reiche Fundquelle an Artefakten, welche die Geschichte des Odilienberges illustrieren. Grabungen zeigen hier den Boden in seiner ganzen Ausdehnung bis auf 1 Meter Tiefe total mit Knochenabfällen, Eisennägeln, gotischen Ofenkachelresten und Topfscherben aller Art durchsetzt; diese reichen von der Steinzeit bis zur Römerzeit, vom Frühmittelalter bis in die Neuzeit. Gegen Norden ist diese Schicht mit Grasboden überdeckt, gegen Osten und Südosten dagegen liegen noch heute infolge von Erdrutschungen und Abschwemmungen zahlreiche Scherben dem kundigen Auge zu Tage.

Ein Anschluss der Mauer an den mächtigen Felsen, auf dessen Höhe das Kloster steht, ist nirgends sichtbar, und es bleibt zweifelhaft, ob sie sich dort ehedem rings um den Felsen zog, oder ob sie links und rechts an den Felsen stiess, also dessen steil abfallende Ostseite frei liess. Ich halte die letztere Version für die wahrscheinlichere (vgl. meinen Plan Taf. X). Ein Weg führt um den Felsen herum und kreuzt den vom Kloster zur Odilienquelle führenden Fusssteig. Auch hier fehlen sichtbare Spuren der Heidenmauer. Sie wäre des starken Gefälles wegen dort auch kaum nötig gewesen, aber die Nähe und der Wert der Odilienquelle liessen an und für sich schon vermuten, dass die Mauer unter Einschluss der Quelle dort sich unterhalb des Felsens bis zum Kloster hinzog und dort an den Felsen stiess,

Gerade das starke Gefäll hat sie dort zuerst verschwinden
lassen, indessen fand man anlässlich der Wasserleitungs-
arbeiten eben dort unterhalb des Klosters auf dem Wege
zur Quelle Reste der Mauer mit noch vorhandenen
Schwalbenschwänzen.

Um das oberste Plateau des Berges lief noch eine
separate Umzäunung, deren Quader aber zu den Klosterbauten aufgebraucht worden sind — bis auf einen kleinen,
von mir zur Besichtigung blossgelegten Rest am Süd-
ende des Plateaus, wo dieses durch einen tiefen Graben
vom weitern Bergrücken abgeschnitten ist. Gerade
dieser Graben, heute als Verbindungsweg dienend, ist
äusserst beachtenswert, denn er ist — vielleicht unter
Benützung einer natürlichen Einsattelung — künstlich
hergestellt d. h. künstlich vertieft worden, so dass dort
der nur an dieser Stelle in gerader Linie fortleitende
Bergrücken jäh unterbrochen und das Klosterplateau
derart durch Abtiefung dieser einzigen gut zugänglichen
Stelle förmlich isoliert — befestigt — erscheint. Die
hier allerdings nur noch ganz spärlich sichtbaren Mauerreste mit Riegelverbindung deuten das hohe Alter dieses
Grabens an. Durch die Wegeanlagen ist er allerdings
in neuerer Zeit noch vertieft worden. Die kleinen Stein-
treppen östlich unterhalb dieses Plateaus sind zumeist
Anlagen aus diesem Jahrhundert.

Wenige Schritte südlich dieses Grabens beginnt links
wieder die Heidenmauer sichtbar, dann immer grösser
und besser erhalten zu werden. Beim Beckenfelsen
sind zahlreiche Felsblöcke mit tiefen Rinnen angeschnitten,
einige mit tiefen Becken versehen: einzelne sind von Herrn
Laugel und mir, andere von Herrn Abbé Caspar bloss-
gelegt worden und ausserordentlich sehenswert. Ebenso-
solche Sprengrinnen befinden sich auf dem bis dahin
für ein Druidendenkmal gehaltenen „Beckenfelsen",
so genannt nach dem auf dem einen Blocke sichtbaren
grossen Becken. (Die Bezeichnung „Bäckerfelsen" ist
wohl nichts anderes als eine verdorbene Wiedergabe des
Wortes „Beckenfelsen"). Man hat ehedem diesen Fels
seiner seltsamen Form und seines Beckens wegen als
Opferstein, das Becken selbst als „Blutbecken", die

Rinnen als „Ablaufrinnen" bezeichnet; der Stein war
aber den Erbauern der Heidenmauer nichts weniger als
heilig, denn sie haben ihn, wie gerade jene Rinnen und
Becken beweisen, als Steinbruch benützt, und davon,
wie noch heute sichtbar, Quader losgesprengt.

Einige Schritte weiter gelangt man, nach rechts ab-
biegend, zum sogenannten Canapeefelsen — gekenn-
zeichnet durch seine zwei im Steine befindlichen bequemen Steinsitze (Naturspiel) und sein rundes tiefes
Wasserbecken. Ringsherum ist der Boden künstlich abgeflacht: durch die Quadergewinnung für
die Heidenmauer der Findlinge entkleidet und durch
Lostrennung alles bau- und bruchfähigen Felsgesteins
geebnet. Den Namen „Canapeefelsen" mag der Leser
nach Belieben auf die erwähnten zwei Steinsitze zurück-
führen oder von „Canabae" ableiten (im letztern Falle
hätte der Stein seinen Namen also nicht von den zwei
Steinsitzen, sondern von seinem wahrscheinlich natürlichen, aber künstlich erweiterten Steinbecken mit der
bei diesen Wasserbecken nie fehlenden Ausflussrinne).

Kehren wir auf den eben verlassenen Weg zurück,
so sehen wir diesen bald sich zweiteilen: der eine
(rechts) führt zur Wildsaulache (Abreuvoir) auf der
Bloss, einer viereckigen Cisterne, und in gerader Linie
weiter nach dem Männelstein. Der andere Weg
leitet den Wanderer links nach wenigen Schritten zu
einem vorspringenden Felsen, von dessen Plattform aus
wir eine prächtige Aussicht geniessen. Von da gehts
längs der hier aus besonders mächtigen Quadern ge-
bildeten Mauer gegen Süden zu einer Felstreppe, an
welcher links ein natürliches oder künstliches „Schlupf-
loch" sichtbar ist. Es führt ausserhalb der Mauer auf
einen Felsvorsprung, kann indessen auch zufälligen Ursachen seine Entstehung verdanken. Immer den längs
der Mauer hinführenden prächtigen Weg weiter verfolgend,
erreicht man in ca. einer Viertelstunde die von Bäumen
entblösste Bloss, eine seit Jahrhunderten so genannte
Oertlichkeit, weil hier der Boden förmlich mit Felsen
gepflastert erscheint, Baum- und Strauchwerk nur kümmer-
lich gedeihen und der nackte Felsen „bloss" zu Tage

liegt. Doch was man hier an Felswerk sieht, ist wiederum
nur der Ueberrest eines Meeres von Felsen, die einst
hier die Oberfläche überragten. Auch hier haben die
Bauleute der Heidenmauer die zu Tage liegenden Blöcke
zum Bau ihrer gewaltigen Umzäunung verwendet. Spuren
dieser Arbeit haben sich auf der Bloss ebenfalls in
grösserer Menge erhalten; Blöcke mit angefangenen
Sprengrinnen, mit abgehobenen Felsflächen und mit
Wasserbecken geben davon Zeugnis. Besonders interessant ist hier ein rechts vom Wege unfern der Wald-
grenze gelegener (allerdings im Gestrüpp verborgener
und niedriger) Felsblock mit tiefer Sprengrinne und
instruktivem Fehlbruch.

Die Mauer weiter verfolgend gelangen wir zum
Männelstein, einem mächtig vorspringenden Felsen,
dessen Oberfläche sich in zahlreiche riesige Einzelblöcke
zerlegt hat und einen seltsamen Anblick bietet. Der
Fels gewährt eine prächtige Fernsicht tief ins Thal
und bei klarem Wetter bis nach Strassburg, Freiburg,
Breisach und Hagenau.*) So war dieser Ort zu einer
Signalstation vorzüglich geschaffen und wohl mit Recht
nimmt Canonicus Straub an, dass hier einst eine
römische Specula gesessen habe.

Vom Männelstein führt ein Weg südlich mitten über
die Bloss gegen das Kloster. Auch auf diesem Wege
begegnet der aufmerksame Wanderer angeschnittenen
und mit Becken versehenen Felsblöcken. Weiter
links findet er einen Weg zu der von A. Siefert in
Lahr aufgedeckten alten Cisterne.

Folgt man der Mauer vom Männelstein aus weiter
gegen Westen, so gelangt man nach kaum 10 Minuten
zum Schaftstein, von dem dasselbe gilt, was ich eben
vom Männelstein sagte. Dann gehts zum Wachtstein,
(auch Wachtelstein genannt), einem ausserhalb der
Mauer frei in die Lüfte ragenden mächtigen Felsblocke,

*) P. Dionysius Albrecht, History von Hohenburg,
Schlettstadt 1758, sagt von der Aussicht vom Odilienberge:
„Man kan zehlen: drey hundert Dörffer und Flecken:
„zwantzig Stätt; auch spielet in die Augen der Silber-
„glantzende Rhein."

der, wie schon sein Name sagt, wie es aber mehr noch
die künstliche Verbindungsmauer beweist, in uralter Zeit
als Ausguck und Wachtposten diente. Er ist durch eine
Mauer, die heute nur noch teilweise erhalten ist, mit
der Odilienmauer verbunden; sie diente als Brücke, um
von der Heidenmauer aus das Betreten des Wachtsteines
zu ermöglichen. Heute ist indessen seine Besteigung
lebensgefährlich. Um an seinen Fuss zu gelangen (von
wo aus imposanter Aufblick zur Felsspitze), folge man
dem abwärts führenden Wege des rührigen Vogesenclubs.

Vom Wachtstein geht es — der Weg liegt heute
teilweise auf der alten Heidenmauer — westlich zu
den ausserhalb der Mauer gelegenen sogenannten
„Druidenmonumenten". Auf dem Wege dahin rechts
oben auf abgeholztem Terrain befindet sich ein mächtiger
von Dr. Helmer-Barr entdeckter Steinschnittfelsen.
Die „Druidenhöhlen" machen einen überaus „künstlichen"
Eindruck, sind aber sicher ein Werk der Natur und
nur als solches von Interesse. Man hat sie bald als
„Dolmen", bald als „Druidenhöhlen", bald als Gang-
gräber, bald als geheime Ausgänge bezeichnet; für all'
dies fehlt jeder Beweis. Ausgrabungen sind ohne jede
Funde geblieben. — Dann gelangen wir zum Aufstieg,
wo die alte Barrer „Römerstrasse" in die Mauer
mündete. Unweit davon ist die Mauer vorzüglich erhalten; im allgemeinen ist sie hier auf der Westseite
regelmässiger und schöner gebaut, als auf der Ostseite.
Man hat diese Verschiedenheit auf spätere Erbauer zu-
rückführen wollen, doch hat dies veränderte Bild in
der Verschiedenheit des Baumaterials seine
Ursache; östlich ist der Sandstein grob und stark mit
Kieseln durchsetzt, westlich feiner und leichter schneid-
bar (daher hier auch die Sprengschnitte schöner
sichtbar). Die Mauer verlassend und dem entsprechend
bezeichneten Wege folgend, erreichen wir ein Gehölz
mit den von Prof. Voulot und später von Prof. Euting
ausgegrabenen Gräberresten (vgl. Cap. Ausgrabungen).
Einige Steinhaufen und aus Steinplatten gebildete Sarko-
phage, sowie Reste der Sargdeckel sind noch sichtbar.

Der Weg führt abseits der links liegenden Mauer (der
Weg längs der Mauer · ist hier überaus beschwerlich)
durch die nördliche Quermauer zur Johannesquelle und weiter gegen das Kloster. Um die Mauer
zu verfolgen, halte man sich links (hier der Weg allerdings
mühsam) und erreicht dann nach einiger Zeit wieder
den von nun an der Mauer folgenden leicht gangbaren
Fusspfad. Stellenweise zeigen sich hier interessante
Steinbruchfelsen, so besonders der von Maler Stos-
kopf aufgefundene, der weit in den Abgrund vorspringt
und unsinnig eigenartig angeschnitten ist. Von hier aus
geniesst man nicht nur eine prächtige Aussicht auf das
schön bewaldete „Hirzthälele" und auf die Ruine
Birkenfels, sondern auch auf die hier einen grossen
Bogen beschreibende und prächtig erhaltene Heidenmauer
(vgl. Abbildung auf Tafel XI). Diese und die nun
folgende Strecke der Heidenmauer bietet
für den Touristen wie den Forscher die
schönsten und instruktivsten Partieen! Hat der
Mauergürtel die erwähnte Kurve beschrieben, so erstreckt
er sich in ziemlich gerader Linie gegen Norden weiter.
Nach wenigen Schritten gelangen wir zu demjenigen
Felsen, dessen Entdeckung zur Aufsuchung und
weitern Erforschung all' dieser prähistorischen
Bauwerkstätten den Anstoss gab. Von ferne
schon wird dem Wanderer dieser mächtige Fels auffallen,
denn ich habe ihn vollständig seiner oft fussdicken
Moos- und Erdschicht entkleiden lassen, so dass heute
der kahle Felsblock dem aufmerksamen Touristen kaum
entgehen kann. Nur wenige Schritte von der Heidenmauer entfernt steigt dieser Fels mehr als mannshoch
empor, fällt nach hinten auf 13 Meter Ausdehnung allmählig flach ab und bietet dem Forscher besonderes
Interesse durch die darauf prächtig sichtbaren
Sprengschnittrinnen, Wasserbecken und Abbautreppen. Unmittelbar daneben befinden sich einige
andere, ebenfalls angeschnittene Felsen; dann folgt,
wenige 100 Schritte weiter der Mauer folgend, der
alte Abstieg zur Badstubquelle. Nach wenigen 100
Schritten gelangt man zu einer von Dr. Koeberle aus-

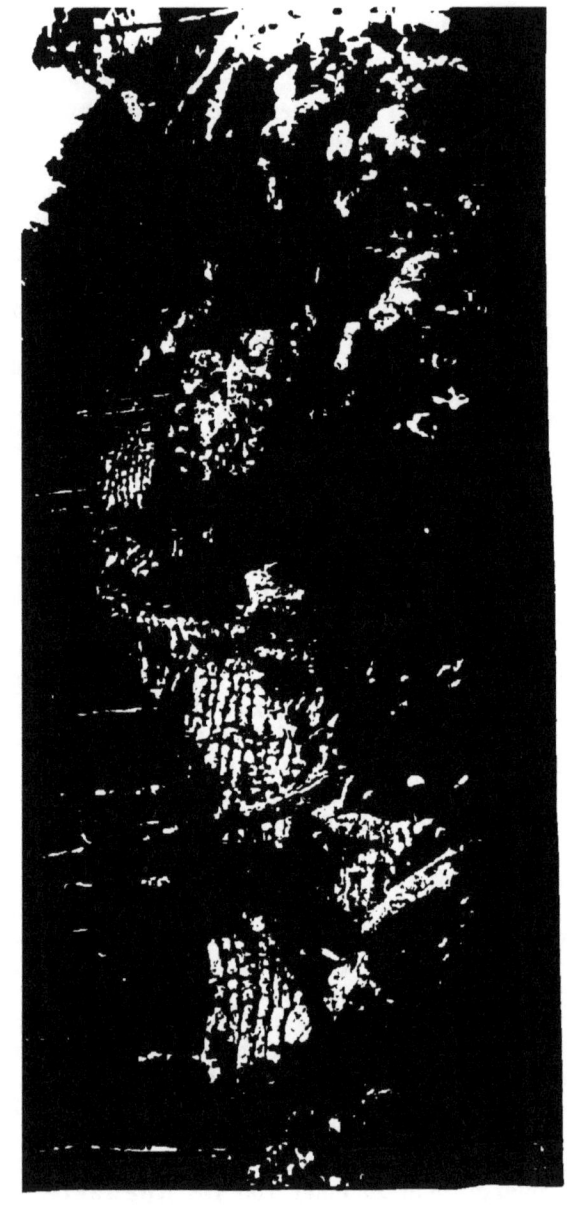

Die Heidenmauer des Odilienberges, auf der Westseite bei Nr. 4 des Plarcs (Tafel X).

gegrabenen Felsenpassage, die oft als „Ausfallsthor-
gedeutet wird, wahrscheinlich aber nur eine natürliche
Bildung ist — hervorgerufen durch Ausschwemmung des
Erdreiches und Herausrutschen einzelner Steine, so dass die
dortige sicher natürliche Felsspalte mit der darüber aufge-
bauten Heidenmauer nun eine thorähnliche Lücke bildet.
Rechts davon (dicht daneben) sieht man eine Anlage, die
weit eher als eine beabsichtigte und künstlich hergestellte gelten darf. Vor der Mauer liegt eine kleine
Steintreppe, die abwärts unter die Mauer führt, dann
durch dieses Mauerloch hindurch ausserhalb der Mauer-
peripherie auf eine Art Terrasse leitet: diese bricht
senkrecht in die Tiefe ab, ist also von aussen unzugäng-
lich und kann also sehr wohl als eine Art Ausguck
oder Beobachtungspunkt gedient haben. Wenige
Schritte weiter findet man zwei von W. Scheuermann
aufgedeckte, instruktiv angeschnittene Felsblöcke mit
langen und tiefen Sprengschnitten und Fehlbruch-
spuren. Dann passieren wir das Westende der nördlichen Quermauer und erreichen die von A. Laugel
gefundene prächtige Gruppe zahlreicher Felsblöcke
mit Sprengschnitten, Wasserbecken, Fehlbrüchen
und Abbautreppen. Besonders lehrreich ist hier ein
kreuzförmig angeschnittener Block rechts vom Wege.
Meine hier ausgeführten Grabungen ergaben tiefe Schichten
von Sandsteinschutt, der mit den erwähnten Steinblöcken
von der grossen Menge der hier gebrochenen Felsen
Zeugnis ablegt. Wenden wir uns von diesen Stein-
brüchen links zur Mauer, so führen uns wenige Schritte
zu einem vorzüglich erhaltenen Thore. Es ist
von Dr. Koeberle freigelegt worden und verdient ganz
besondere Beachtung, denn es ist der einzige an der
Heidenmauer selbst noch erhaltene Thoreingang.
Auch die Art des Thorverschlusses ist noch sichtbar,
sowohl an dem das Mauerende abschliessenden mächtigen Felsblocke, als an der daneben liegenden, riesigen
Felsplatte, welche ehedem oben querliegend die Mauer
mit dem dort auf der andern Seite hoch aufragenden
Felsen verband. Beide Steine zeigen nämlich deutliche
Spuren alter Zapfen- und Balkenlager, in welche ehedem

die Thorangeln und die Verschlussbalken eingriffen (vgl.
Tafel VIII). Mehrfach ist hier die Mauer stark beschädigt, an einzelnen Stellen fast ganz verschwunden,
weil die Erbauer der Dreisteinschlösser hier die Heidenmauer als willkommene Steinquelle benützten.
Verfolgt man von nun an die Mauer weiter nach
Norden, so gewahrt man rechts im Walde runde tiefe
Löcher, wie meine Ausgrabungen ergaben Sandstein-
brüche, welche man des hier guten, aber relativ seltenen
Materiales wegen besonders tief abgebaut hat. Ihnen
gegenüber gewahrt man in der Mauer deutlich abge-
zeichnet einen jener für die Heidenmauerbauleute offen
gelassenen „provisorischen Eingänge", die man nach
Fertigstellung der Linie zumauerte, und die man auch wohl
als „Mauerreparaturen" verzeichnet sieht. Wenige Schritte
nördlich findet der Wanderer mächtige Steinschnitt-
blöcke, welche ausserhalb der Mauer liegen. Dann
verfolgt man die Mauer noch ein grosses Stück weiter
nördlich — hier einige schöne Beispiele von Quadern
mit Riegellagern — bis allmählig das Mauerwerk,
zum Schluss selbst die einzelnen so charakteristischen
Quader verschwinden. Bald sehen wir die Ruine des
Hagelschlosses, dessen Bau dort die Mauerzerstörung
veranlasst hat.
Auch vom Hagelschloss aus nach Osten (die Linie
biegt scharf südöstlich ab) fehlt eine lange Strecke die
Mauer gänzlich; nur spärliche Reste geben von ihrem
einstigen Vorhandensein Kenntnis. Ein Pfad führt unweit des Bergrandes parallel mit demselben aufwärts in
südöstlicher Richtung zu dem Bergrücken, dessen Fort-
setzung nördlich zum Hexenplatz leitet, quer über-
schritten aber den Wanderer zum Ostabhange der
Heidenmauer bringt. Will man nun die Heidenmauer
verfolgen, ohne direkt zum Stollhafen zurückzukehren,
noch andrerseits bis zum Hexenplatze zu gehen, so
durchquere man in gerader Linie gegen Südosten den
Wald. Man stösst dann auf einzelne Quaderreste und
erreicht den Fusspfad, der den Elzberg mit dem Odilienberge verbindet und nördlich begangen zum Hexenplatz, südlich verfolgt zum Stollhafen resp. Kloster führt.

Man überschreitet diesen Weg und durchquert den Wald
bis zum Ostrande des Bergplateaus. Auf diesem ganzen
Wege sind Spuren der Mauer nur äusserst selten zu
finden. Auch am Ostabhange sind sie eine Strecke weit noch
ungemein spärlich, und vertreten zumeist nur mächtige Fels-
abhänge die Stelle der Mauer; auch die angeschnittenen
Steine finden sich auf dieser Strecke so wenig, dass man
annehmen darf, der Mauerbau sei bis zum Ostabhange
der Mauer unvollendet geblieben. Je mehr wir
dagegen den Ostabhang südwärts verfolgen, desto häufiger
werden wieder die Mauerquader, und bald türmen diese
sich wieder über gewaltigen Felsen zu ansehnlicher Höhe.
Man klettert hier an einer geeigneten Stelle den Abhang
hinab und stösst dann auf einen schmalen Fusspfad, der
ausserhalb der Mauer hinführt, prächtige Felsengebilde
und schöne Mauerstücke dem Auge bietet. Auf diesem
Wege gelangt man zu einem mächtigen Felsen mit unter-
irdischer Passage, welche den Kletterer oben auf die
Mauer führt. Nach wenigen Minuten erreichen wir so-
dann den Etichofelsen (mit „Etichohöhle"), der früher
als einstiger abri sous roche galt, sicher aber ohne
jede archäologische oder historische Bedeutung ist.
Dann geht es vorbei an interessanten Felspartieen, wo
Fels und Mauer innig verbunden und tiefe Felsspalten mit angepassten Blöcken künstlich ausgefüllt sind, zum „Stollhafenfelsen", so genannt
wegen seiner an die gotischen Stollenkessel erinnernden
Form. Ehedem war hier der alte Eingang in den
Nordabschnitt der Heidenmauer. Heute aber ist
dieser Thoreingang nicht mehr sichtbar: dagegen sieht
man noch heute deutlich die altgallische Strasse ihre
Richtung gegen diese Stelle nehmen. Sie beschrieb, um
die Höhe ohne zu starke Steigung zu gewinnen, eine
Curve bis zum Oberkirchfelsen und bog dort dann rück-
wärts beim Stollhafen in die Mauer ein. Zwischen den
genannten beiden Felsen sieht man die Strasse sich
zweiteilen — es ist eine jener Ausweichestellen,
wie sie die Enge dieser Wege gewissermassen vor-
bedingte und wie ich sie im X. Kapitel besprochen habe.
Diese alte Strasse ist zwar unter Schutt, Moos und

anderem Pflanzenwuchs versteckt, kann dem aufmerksamen Beobachter aber nicht entgehen. — Links vom
Stollhafen trifft man, wenige Schritte gegen Süden, auf
die nördliche Quermauer, jene Quermauer, welche
die mittlere Zone des Heidenmauerringes von der nördlichen Zone abschloss. Dann springt die Mauer plötzlich
weit nach vorn vor — wir stehen vor dem gigantisch
überragenden Oberkirchfelsen — einem zweigeteilten
Riesenfelsblock, auf dessen Höhe gleichfalls Sprengrinnen
und auch deutliche Spuren abgesprengter Blöcke erkenn-
bar sind. (Cohausen hatte ehedem diese Spuren [oder die
benachbarten Quermauerreste?] mit Unrecht als möglicher-
weise Reste eines spätrömischen Wachtturmes gedeutet).

Wenige Schritte rechts vom Oberkirchfelsen befindet
sich ein überhängender Felsen, den man, wie Ausgrabungen ergaben, mit Unrecht bisher als prähistorische
Felsenwohnung, als sogenannten „abri sous roche" bezeichnet hat. Heute ist unter dem Felsen eine Stein-
bank angebracht. Dieser gegenüber sieht man rechts
einen mächtigen Steinschnittfelsen und wenige Schritte
südlich ein anderer solcher Block, der links Sprengschnitte, rechts ein eingehauenes Kreuzeszeichen
trägt. Ob dieses den Stein christianisieren sollte, oder
ob es eine Grenzmarke bezeichnet, wage ich nicht zu
entscheiden.

Beim Oberkirchfelsen biegt die Heidenmauer gegen
Osten ab und steigt quer über die heutige Aufstiegstrasse
hinab in die Schlucht unterhalb der „Grossmatt" —
jenem Punkte, von wo aus wir unseren Rundgang begonnen haben.

XV.
Der Hexenplatz.

Verfolgt man den Ostrand der Heidenmauer gegen
Norden, so verliert sich allmählig die Heidenmauer.
Sie scheint hier unvollendet geblieben zu sein und das
Wenige, was schon bestand, haben die Zeit und Menschen-
hände beseitigt. Auch Steinschnittfelsen sind hier selten
zu finden. Umso häufiger dagegen stösst der Wanderer auf
oft mächtig grosse, hier und da recht seltsam gebildete, sehr
sehenswerte Felsen und Felsblockgruppen. Man durchquert
den Wald in nördlicher Richtung, verfolgt einen felsigen
Weg und stösst schon nach einer Viertelstunde auf den
Hexenplatz („Häxeplatz"). Der Fremdling kann kaum
fehlgehen, denn den Zugang zum Hexenplatz vermittelt
ein wenig breiter Berggrat und der Platz selbst charakterisiert sich durch sich selbst: er hat etwas Gespenstiges,
Unheimliches. Wer ihn bei stürmischem Wetter besucht,
versteht noch besser die Namengabe, versteht, warum der
Volksglaube dort Hexen ihr Wesen treiben lässt, und
versteht, warum die Sage hier vom „wilden Jäger"
spricht und von wilder Jagd, von Jagdrufen und Hunde-
gebell berichtet, das hier zur Nachtzeit gehört werde.
Wild durcheinander geworfen liegen da mächtige Felsblöcke, als ob der Teufel sie hier ausgestreut hätte. Der
Wanderer springt über die Blöcke, klettert auf und ab
— immer neue seltsame Steingebilde begegnen dem Auge.
Zahlreiche Blöcke tragen Beckenauswaschungen —
die Mehrzahl ist sicher Naturspiel. Näpfchen- oder
Schalensteine, wie sie der Prähistoriker anderwärts findet,
sind es nicht, doch bleibt nicht ausgeschlossen, dass
einzelne jener Becken auch der Mensch schuf oder
wenigstens künstlich vertiefte, denn Wasser fehlt hier,

und so bilden diese Becken treffliche Wasserfänge. Manche
sind denn auch, durch den Regen, fast immer mit Wasser
gefüllt. Einzelne haben den Umfang grosser Pfannen, ja
kleiner Badewannen. Steil und felsig bricht auf der Nordseite das Plateau ab und bietet einen prächtigen Ausblick
in die Tiefe und in die Umgegend. Seltsam wäre es, wenn
hier nicht der vorgeschichtliche Mensch sein Wesen
getrieben; schon das Gefühl sagt uns, dass er auch hier
gehaust haben muss. Aber besser als derlei Betrachtungen
beweisen greifbare Dinge, dass die Erbauer der
Heidenmauer hier gleichfalls beschäftigt waren.
Der Felsenweg, der zum Platze führt, zeigt Spuren
hohen Alters; alte Felsentreppen sind ersichtlich
Menschenwerk und mehrfach fand ich grosse Blöcke
mit Sprengschnitten analog denen, welche die Erbauer
der Heidenmauer bei dieser selbst zurückgelassen haben.
So ist es nicht ausgeschlossen, dass ehedem eine Ver-
längerung der Heidenmauer bis hierher projektirt
war, dass auch der Hexenplatz hätte in den Mauerring
eingeschlossen werden sollen, dass aber diese Arbeit nicht
zur Vollendung gelangte oder aus andern Gründen auf-
gegeben worden ist. Ausgrabungen würden vielleicht
über diesen Platz und seine einstige Bestimmung Auf-
klärung geben. Romantischen Dichtern möge dieser Punkt
anempfohlen sein, wenn ihre Fantasie Anregung und
einer stimmungsvollen Staffage bedarf.

XVI.
Rinnen- und Beckensteine, Altäre und Dolmen.

Die gewaltigen Felsenmauern und die cyclopische Heidenmauer verleiteten oft und gerne die Archäologen zu falschen Schlüssen, zu fantastischen Auslegungen. Mag die Heidenmauer gewaltig erscheinen — sie bleibt eben doch das Werk eines Volkes, das sich für Flucht vorbereitet, das Schutz sucht, das seiner eigenen Kraft nicht völlig traut. Ein Volk im Vollbesitze seiner Macht und lediglich auf den Angriff, auf Ueberfall Anderer bedacht, schuf keine Verteidigungswerke im eigenen Lande — es überliess das Jenen, die es in fremden Landen angriff. So ist auch die Heidenmauer nicht in den Zeiten entstanden, da die Kelten ganz Europa überfluteten, Rom verbrannten, selbst in Asien Reiche gründeten — sie ist, wie wir sahen, ein Werk der jener glorreichen Zeit folgenden Epoche der Décadence, jener Periode, wo Uneinigkeit unter den verwandten Stämmen, die Nähe der römischen Provinz und ewig dauernde Germaneneinfälle die Volkskraft hatten erschlaffen machen. — Auch die gewaltigen „Altäre", „Zeichensteine", „Dolmen" des Odilienberges fallen leider nüchterner Kritik zum Opfer. Die „Blutrinnen" sind, das habe ich oben schon gezeigt, nichts anderes als Sprengschnitte, die „Opferbecken" aber, wie sie der Beckenstein, der Canapéfelsen etc. zeigen, sind nichts anderes, als die Wasserbehälter, in denen man das für die Herstellung jener Sprengschnitte nötige Wasser aufbewahrte. Was bleibt da vom Beckenfelsen als „Druidenaltar" übrig, wenn man sieht, wie ihn die Erbauer der Heidenmauer erbarmungslos angeschnitten haben? — Gleich zweifelhaft sind auch die Menhirs etc., von denen Voulot und selbst noch Bleicher und Faudel 1889 berichten (z. B. vom Hexenplatz: „plateau des fées: dédale de dolmens, menhirs et galeries"). — „Die über- hängenden Felsen" (abris sous roches) haben, wie meine Ausgrabungen ergaben, nie urzeitliche Wohnungen, als was man sie gedeutet, beherbergt. — Auch die soge- nannten „Dolmen" und „Druidenhöhlen" auf der Westseite der Mauer haben keinerlei sichere Anzeichen menschlicher Thätigkeit aufzuweisen, und sind höchst wahrscheinlich zwar merkwürdige, aber trotzdem eben doch nur natürliche Bildungen:

Gewaltig sind zwar der Menschen Werke —
Doch gewaltig auch der Natur seltsame Gefüge.
Weit auf oft schwingt sich der Menschen Gedankengebilde —
Doch grimmig oft reisst nüchterne Kritik sie wieder ein.

Vogelperspective des Klosters, nach Silbermann, 1781.

XVII.
Das Kloster und seine Sehenswürdigkeiten.

Die ganze Höhe, die ganze Ebene beherrschend liegt 700 Meter über Meer auf dem Gipfel des Berges das St. Odilien-Kloster. Der Wanderer wird von Laienschwestern bedient. Auf der Wiese resp. auf den Aeckern vor dem Kloster standen ehedem Bauten, deren Grundmauern noch 1825 sichtbar waren (Schweighäuser). Sie dienten einst den Prämonstratensern als Wohnung und waren nach dem Brande von 1546 der einzige Aufenthalt der Bewohner, die noch auf diesen Höhen zurückblieben. Heute sind selbst jene Mauerreste gänzlich verschwunden. Nicht selten finden sich gerade dort römische Münzen.

Heute sind die Wirtschaftsräumlichkeiten dem Kloster nähergerückt. Sie liegen links und rechts des Thores, durch das man in den äusseren Klosterhof eintritt. Rechts in diesem, wo heute die Bedürfnisanstalt liegt, stand ehedem der „Heidentempel", das erste Heiligtum des Berges (vgl. Kap. XII).

Im Vorhofe sind links die Stallungen, rechts der Klostergarten, darin heute ein riesiges mittelalterliches Taufbecken aus Vogesensandstein, doch ohne Verzierung, als Brunnenbecken dient. Daran anschliessend folgt die Conventkirche, deren Bau 1687 begonnen wurde, und deren zwischen 1692 und 1696 angefertigte prächtig à jour geschnitzte Beichtstühle eine Sehenswürdigkeit darstellen. — Man tritt in den innern Klosterhof, dessen Mitte ein neueres Bild der heil. Odilia ziert. Rechts ist der Eingang für die Klosterbesucher, von wo aus man zur Kreuzkapelle (links

.

neben dem Chor der Conventkirche) gelangt. Es ist ein
niedriges Rundbogengewölbe, das von einer starken
romanischen Säule getragen wird. Sie ist durch ihre
Skulpturen eine ganz hervorragende Sehenswürdigkeit
(vgl. Abbildung). Neben ihrem Capitäl ist besonders
ihr Fuss sehr beachtenswert durch die 4 Händepaare,
welche aus der Erde hervor-
zuragen und die Säule zu tragen
scheinen. Sie ist ein treffliches
Beispiel frühromanischer Archi-
tektur, keineswegs wohl, wie
angenommen wurde, schon eine
Arbeit des 7. Jahrhunderts.
Links befindet sich in einer
Nische der 1752 dorthin ver-
brachte Sarkophag des Adal-
rich oder Eticho, ein Stein-
sarg, der nach Form und Orna-
mentik noch der Zeit Etichos
(7. Jahrhundert) angehören
könnte und dann mit der Tradition einig gienge. Ehedem
befand sich dieser Sarkophag in
der Conventkirche, wurde dann
aber 1617 an der äussersten
Wand der Engelskapelle eingemauert (darauf bezieht sich
das dort über der Thüre befindliche Wappen des Bischofs

Die romanische Säule in der
Kreuzkapelle. Ca. XII. Jahrh.

von Strassburg, Leopold I., welcher die Überführung
des Sarges besorgte). Bei diesem Anlasse entnahmen die
Mönche von Ebersmünster dem Sarge einzelne Gebeine
Etichos und legten sie in ein hölzernes Bild, das den
Herzog darstellen soll (und jetzt in einem Glassarge im
obern Stockwerke untergebracht ist). Später wurde der
Sarg Etichos von der Engelskapelle in die Kreuzkapelle
transportiert und dort in der Nische, wo er noch heute
sichtbar ist, eingemauert.
    Neben der Kreuzkapelle liegt die Odilienkapelle
(vgl. Taf. XXI). Bevor man die Schwelle überschreitet,

beachte man den ornamental ausgehauenen steinernen Fries
oberhalb der Thüre (ersichtlich von derselben Hand, wie
die Skulpturen der grossen oben erwähnten Säule), und
die vorzüglich erhaltene Thüre mit stilvollem früh-
gotischen Eisenbeschlag. Die Odilienkapelle ist
der Legende nach von Odilia dem heil. Johannes geweiht
worden, jetzt aber dem Cult der heil. Odilia gewidmet.
Die Wände zeigen Gemälde, welche das Leben dieser
Heiligen veranschaulichen. Ihre Gebeine sind heute
in dem in der Nische auf einem Altar stehenden reich
geschmückten modernen Reliquiarium ausgestellt.
Daneben steht ein von F. Fransin im Jahre 1696 im
Auftrage dreier Strassburger Domherren, zweier Grafen
Manderscheid und eines Grafen von Recke in Gemein-
schaft mit Stadtsyndikus Rüth von Strassburg herge-
stellter Sarkophag, der ehedem die Gebeine bewahrte
und im genannten Jahre an Stelle des alten Sarges
gesetzt wurde. Die Vorderseite des 1696er Sarges trug
eine von Fransin ausgehauene Reliefplatte mit der
Darstellung, wie anno 1354 Kaiser Karl IV. im Beisein
einiger Bischöfe etc. das Grab der heil. Odilia öffnen
liess und den Körper in ausgezeichneter Erhaltung vorfand.
(Der Kaiser entnahm damals „dem ganzen und unver-
sehrten Körper ein Teil des rechten Armes" für seine
Prager Reliquiensammlung; der Sarg wurde in seinem Beisein wieder verschlossen.) Diese Platte wurde während der
Revolutionszeit zerstört. Ihre Reste fanden sich 1898
und sind jetzt im Klostermuseum untergebracht. Ebenso
die grosse Odilienstatue von 1696, welche ehedem den
Sarg schmückte. Diesen selbst glaubte man bis dato
verloren und durch einen neuen ersetzt; ich habe aber
nachgewiesen, dass der heute noch sichtbare Sarg der
alte von 1696 ist, dass ihm aber lediglich die Fransin'sche
Platte fehlt, weiter, dass der Sarg schon vor dem Besuche
der Revolutionsmänner geöffnet wurde, um die Gebeine
der Heiligen in Sicherheit zu bringen, und dass die
Revolutionsmänner es bei der Zerstörung der Sargplatte
weniger auf eine allgemeine Zerstörung der religiösen
Bilder, als auf die Vernichtung des „gekrönten" Kopfes
von Kaiser Karl IV. und der mit Mitren geschmückten

Bischofsfiguren abgesehen hatten.*) (vgl. auf Taf. XIII Ansicht dieses Sarges von 1696 in seinem ursprünglichen
Zustande, nach einem Kupferstiche Silbermanns von 1781.)
Im Kreuzgange befindet sich eine viereckige Säule
mit Basreliefs, darauf einerseits ETICHO.DVX, welcher der
neben ihm stehenden S. ODILIA zum Zeichen der Investi-
tur ein Buch überreicht. Andrerseits das Bild der h.
Maria mit dem Jesuskinde, daneben knieend RELIND (is)
ABBA (tissa) und HERRAD ABBA (tissa). Vorn an
der Säule ein Bischof mit Mitra, Krummstab und Buch
nebst der Ueberschrift: S. LEUDEG, d. h. St. Leodegarius,
Verwandter Odiliens, Täufer des „Heidentempels"
und Schutzpatron von Niedermünster. Abbildungen
dieser 3 Skulpturen sind hier auf den Tafeln XIX und XX
nach vor den Originalen retouchierten Photographieen
wiedergegeben. Gegenüber befinden sich in diesem Gange
die Speisezimmer für Wanderer und Gäste.

Ins Freie tretend gelangen wir in den Convent-
garten, wo links eine alte Cisterne, rechts Ruhe-
bänke und ein aus romanischen Säulenfragmenten auf-
gebauter Tisch angebracht sind. Von hier aus geniesst
man eine wundervolle Aussicht in das Rheinthal. Gegen
Osten liegt die Thränenkapelle (Zährenkapelle), wo
Odilia nach der Tradition für ihren Vater um Erlösung aus
dem Fegfeuer gebetet hat. Darauf nimmt eine im Boden
der Kapelle unter einem Eisengitter sichtbare Stein-
schaale Bezug, von welcher die Sage geht, dass sie durch
die Thränen der heil. Odilia ausgehöhlt worden sei. Pilger
vergessen nicht, vor dieser Schale ein Gebet zu verrichten.
Archäologisch ist dieselbe ein interessantes Beispiel. des
uralten Steincults und speciell der rituellen Bedeutung der Schaalensteine! — Dort befindet sich auch
der Sarg der Nachfolgerin Odiliens, der heil. Eugenia.
Die Wände schmücken Gemälde des Elsässer
Malers L. Sorg, geb. zu Strassburg 1823 († 1863),
davon das eine Maternus darstellt, wie er im Elsass das

---

*) Vgl. „Der Elsässer" 1899, vom 6. Februar 1899: Forrer,
„Die angebliche Zerstörung des Sarges der heil. Odilia
während der Revolutionszeit".

)er 1696 errichtete während der Revolutionszeit beschädigte Sarg
der heil. Odilia (nach Silbermann 1781).

Christentum predigt, das andere den Bischof Leodegar, wie er der heil. Odilia den Schleier reicht.

Noch weiter östlich, direkt über dem Rande des Abhanges liegt die Engelskapelle („hangende Kapelle"), ursprünglich wohl ein altrömischer Wachtturm, der später zur Kapelle umgewandelt wurde. Hier war von 1617 bis 1753 der Sarg Eticho's an der Aussenseite eingemauert. „Mädchen, die 9 Mal um die Kapelle gehen, erhalten noch im selben Jahre einen Mann" — eil' also, freundliche Leserin, so Du noch „unbemannt" bist, rasch zu jener Stelle und thue wie hier geschrieben steht (vgl. dazu auch Kap. IX.*)

Im ersten Stockwerke des Klosters liegen rechts Räumlichkeiten der Geistlichen, links führt eine Thüre zu einer Kapelle mit zierlichen romanischen Säulenbogen. Sie hiess ehedem „Der Oelberg" und war mit, jetzt nicht mehr sichtbaren, Fresken aus dem Leiden Christi geschmückt. Wahrscheinlich war dies im Mittelalter die Bethalle der Äbtissin. Durch die Rundbogen ist unterhalb die Odilienkapelle sichtbar. Von dort leiten zwei Thüren in den romanischen Bibliotheksraum, in welchem jetzt die Klostersammlung untergebracht ist.

---

*) Der „Umgang" ist jetzt allerdings teilweise abgesperrt.

XVIII.
Das Klostermuseum.

Die über der Kreuzkapelle im ersten Stock gelegene Kapelle wurde vor einigen Jahren restauriert und zur Klosterbibliothek eingerichtet. Der Raum ist durch ein Bogengewölbe überdacht, dieses durch eine die Mitte des Baues zierende massige romanische Säule gestützt. Die Bücher sind längs der Wände aufgestellt und umfassen u. A. auch reiche Alsatica und Odiliana.

In diesem Raume hat 1898 Schreiber Dieses das Klostermuseum begründet und mit Beihülfe des Herrn Abbé Caspar und Herrn W. Scheuermann eingerichtet. Die bisher in den Klosterräumen und Höfen zerstreuten Bauteile wurden hier oben vereinigt, wertloses aus den bisher in einem Glasschranke aufgestapelten ältern Fundbeständen an Thon- und Eisensachen, Münzen etc. ausgeschieden, und die alten sowie die neu hinzugekommenen Funde chronologisch geordnet und katalogisiert. Das Klostermuseum von Sankt Odilien soll die Geschichte des Berges veranschaulichen. Zu diesem Zwecke sind den Originalen auch Abbildungen der in andern Sammlungen befindlichen Odilienfunde beigefügt, und sind Pläne, alte Kupferstiche und dgl. gleichfalls ausgestellt worden.

Die vorläufig noch kleine Sammlung umfasst:

Im Glasschranke links:

Stein- und erste Metallzeit.

Steinbeil, gefunden durch den früheren Odilienberg-förster am Ottrotter Abhange des Odilienberges.

Feuersteinmesser und -splitter sowie neolithische Topfscherben aus, mit zerstossenen Quarzkörnern durchsetztem Thon, ohne Töpferscheibe hergestellt, z. Th. mit Fingereindrücken verziert (Ausgrabungen Forrers am Westabhange des Gipfels).

Abbildungen von Steinbeilen, Silex-Pfeilspitzen etc.
gefunden auf dem Odilienberge (nach Voulot)
Modell des kleinen Steinkreises, wie er 1898 von
Forrer und Scheuermann auf der „Grossmatt" ausgegraben wurde, nebst Proben der ca. 300 Stein-
säulchen.
Topfscherben mit Bronzezeit-Ornamentik, auf
der Nordseite direct unterhalb des Klosterfelsens
gefunden.

Zeit der Heidenmauer (Tènezeit).

Am ersten Fenster:
Quader der Heidenmauer, mit z. T. mehreren
Schwalbenschwanz-Einschnitten. Zwei der
Quader, durch einen solchen Holzriegel (Schwalben-
schwanz) verbunden, demonstrieren die Art und
Weise der Anwendung jener hölzernen
Schwalbenschwänze.
Im ersten Glasschranke:
Alter Original-Schwalbenschwanz aus Eichen-
holz, gefunden in der Heidenmauer.
Abbildungen von Quadern mit Riegellagern.
Abbildungen von Steinbruchfelsen mit Spreng-
schnitten, Fehlbrüchen und Wasserbecken.
Spinnwirtel und Scherben der Tènezeit.
Eisen-Pfeilspitze und Sichel der Tènezeit.
Alte Ansichten der Heidenmauer aus Silber-
mann's Buch „Hohenburg" von 1781.
Photographische Aufnahmen der Heidenmauer.
Alte Ansicht der „Römerstrasse" und Pläne der
Heidenmauer.

Römische Periode.

Im ersten Glasschranke:
Scherben römischer Gefässe und Henkel von
Amphoren gefunden an den Abhängen des Odilien-
gipfels.
Römischer Löffel aus Bronze.
Römische Becher-Urne aus terra sigillata, gefunden
bei den Ausgrabungen Dr. Forrers auf der Grossmatt.

Auf dem Odilienberg gefundene römische Münzen, darunter einige Kopieen nach Originalen in anderem Besitz.

Mittelalter und spätere Jahrhunderte.

Im ersten Glasschranke:
Abbildungen der merovingischen Gräber und Grabbeigaben, ausgegraben von Prof. Voulot und von Prof. Euting im Südabschnitte (Frauen- und Kindergrab mit Ohrringen, Fingerring, Schnallen, Glasschaale etc.). (vgl. Kap. XI).

Scherben aus merovingischer und carolingischer Zeit.

Steinerne Köpfe archaistischen Stiles, gefunden von Abbé Caspar ca. 50 Meter unterhalb der Nordwestseite des Klosters (einer der Köpfe in der Vitrine, die anderen in den Fensternischen).

Reste rot bemalter Sargdeckel aus Gyps.

Zweite Fensternische:
Romanische Säulenfüsse und Kapitäle, sowie Gesimse mit Würfelornamentik.

Mittelalterliche Sandsteinskulptur im Klostermuseum von St. Odilien.

Sandsteinblock mit menschlicher Figur (Kopf fehlt). Diverse Skulpturenfragmente.

Zweiter Glasschrank:
Reste einer mittelalterlichen Wasserleitungsröhre: gefunden bei St. Jakob.

Romanische und gotische Sporen, Schlüssel, Pfeilspitzen etc.
Gotische Bodenfliese mit stilisirten Löwen, grün
glasiert. Um 1400.

Gotische Bodenfliese, vertieft gepresst und grün glasiert. Aus dem
Odilienkloster. Jetzt im dortigen Kostermuseum.

Gotisches Schaufelbeschläge und andere Eisengeräte.
Gotische grünglasierte und verzierte Ofenkacheln.
Gotische Löffel aus Silber und Bronze.
Gotische Kirchen-Leuchter aus Bronzeguss (Paar).
Bilder aus dem Hortus deliciarum der Herrad von
    Landsberg († 1195), um 1180 vollendet. Die eine
    Reproduction in colorirtem Kupferstich von Engel-
    hard 1818 bei Cotta herausgegeben, die andere
    nach alten Pausen in Lichtdruck vervielfältigt durch
    die Gesellschaft zur Erhaltung der historischen
    Denkmäler (Strassburg, Trübner.) (Vgl. Cap. XIX.)
Alte Kupferstich-Ansichten des Klosters und
    der Kapellen, Abbildung der gotischen
    Teppiche des Stiftes von St. Stephan mit

Darstellung der Legende der heiligen
Odilia (letzterer Stich aus Königshofens Chronik,
Ausgabe von 1698, in diesem Buche auf den Tafeln VI
und VII reproducirt).

Kupferstich-Ansicht des Fransin'schen Odi-
liensarges von 1696 (nach Silbermann; vgl.
unser Facsimile Taf. XIII).

Daneben in der zweiten Fensternische:

Die 1898 aufgefundenen Reste der 1793 zerstörten
Fransin'schen Sarkophagplatte (Datum 1696
noch z. T. erhalten).

An den Wänden des Aufganges:

Kupferstiche, Lichtdrucke, Handzeichnungen etc. mit
Plänen und Ansichten einzelner Oertlichkeiten, sowie
künstlerischen Darstellungen der hl. Odilia, einzelner
Legenden, der Herrad von Landsberg etc. von
C. Spindler, Joseph Sattler, Jaeckle u. A.

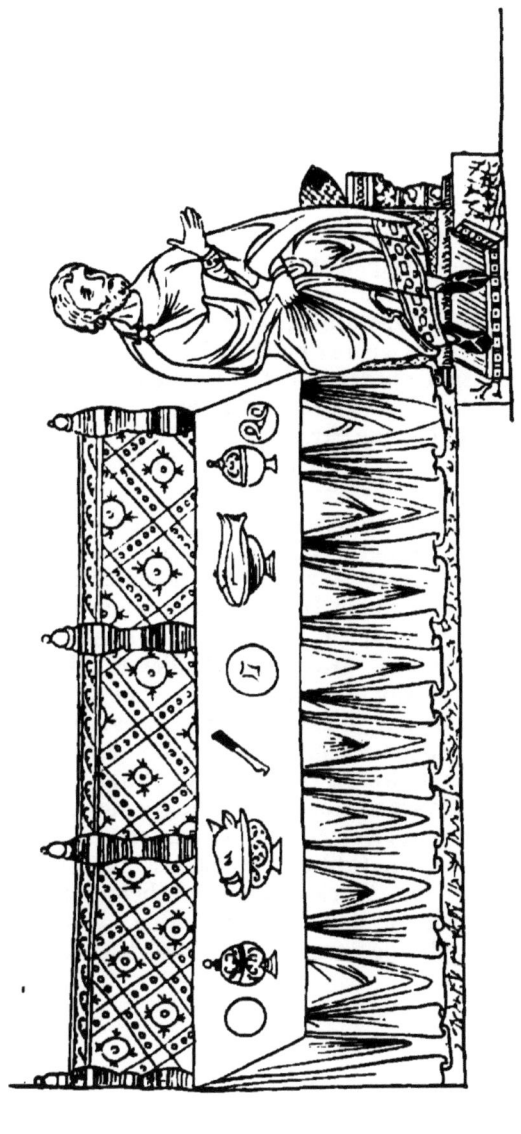

Miniatur aus dem „Hortus deliciarum" der Herrad von Landsberg (XII. Jahrh.).
Festlich gedeckte Tafel mit reich geschmückter Bank. Auf dem Tische Schüsseln mit Schweinskopf und Fischen. reich verzierte Salzfässer, Brod und Bretzeln. Holzteller und Tranchirmesser.

XIX.

Der „Hortus deliciarum" der Herrad von Landsperg.

Es gehört sich, dass an dieser Stelle auch von einem Kunstwerke gesprochen wird, welches auf dem Odilien-berge entstanden, heute aber leider nur noch in Kopieen — und auch das nur fragmentarisch — der Wissenschaft erhalten ist. Ich meine das von der Aebtissin des Klosters Hohenburg-St.-Odilien, Herrad von Landsperg hergestellte grosse Manuscript „Hortus delicia-rum", welches sich ehedem in der Karthaus von Mols-heim, dann auf der Strassburger Stadtbibliothek befand, aber bei der Beschiessung Strassburgs in der Nacht vom 24. auf den 25. August 1870 mit den übrigen dort be-findlichen Kostbarkeiten verbrannte. Glücklicherweise hatten aber die dem Manuscripte beigegebenen vielen Miniaturen (besser gesagt Federzeichnungen mit leichtem Colorit) durch ihre kostüm- wie waffengeschichtlich und ikonographisch interessanten Darstellungen schon früh das Interesse einzelner Forscher erregt und Diesen Veran-lassung gegeben, einen grossen Teil dieser Bilder zu facsimilieren. Das war ein Glück — denn heute ist man ausschliesslich auf diese vor der Zerstörung ge-machten Kopieen angewiesen. Schon 1818 erschien zu Stuttgart ein Kupferstichwerk von M. Engelhard, welches eine Reihe der interessantesten Darstellungen des „Hortus deliciarum" copierte („Herrad von Landsperg, Aebtissin zu Hohenburg, oder St. Odilien im Elsass, im zwölften Jahrhundert, und ihr Werk: Hortus deliciarum. Ein Beitrag zur Geschichte der Wissenschaften, Litteratur, Kunst, Kleidung, Waffen und Sitten des Mittelalters", in 8⁰ mit 12 Kupfertafeln in Fol.). Seither haben noch zahlreiche Forscher einzelne Bilder des „Hortus" copiert, doch erst nach der Zerstörung ist eine Herausgabe des Werkes, soweit es aus eben jenen Facsimiles rekonstruiert werden konnte, zu Stande gekommen. Es ist das von der „Gesellschaft zur Erhaltung der historischen Denkmäler des Elsass" 1879 unter der Leitung des verstorbenen Canonicus Dr. Straub begonnene, nachher von Canonicus Dacheux und Domherr Dr. Keller weitergeführte Werk „Hortus deliciarum, par l'abbesse Herrade de Landsperg. Reproduction héliographique d'une série de miniatures, calquées sur l'original de ce manuscrit du XIIᵉ siècle".*) Einige verkleinerte Wiedergaben aus diesem Werke sind dem vorliegenden Büchlein beigegeben, um dem Leser vor Augen zu führen, in welcher Art diese kostbare Foliohandschrift (von 648 Seiten) illustriert war. Die Zeit der Herstellung fällt in die Jahre zwischen 1175 und 1180 (Herrad von Landsperg starb ca. 1195); jedenfalls hat dieselbe mehrere Jahre in Anspruch genommen. Das Buch war für den Unterricht der Novizen bestimmt und enthielt alles, was für das geistige Leben der damaligen Zeit wissenswert und erforderlich schien. Vom Texte wurde 1695 eine Copie angefertigt, die aber 1870 das Schicksal des Originals teilte. Er ist indessen in Albrechts „History von Hohenburg" 1751 zum Abdruck gebracht worden.

Welch' schöne Sprache Herrad führte, mögen folgende Anfangsstrophen des ersten und zweiten Gesanges kennzeichnen:

Salve Cohors Virginum,
Hohenburgensium
Albens quasi Lilium
Amans Dei Filium.
Herrat devotissima
Tua fidelissima
Mater et ancillula
Cantat tibi cantica.

---

*) Strassburg, Verlag von Karl J. Trübner.

Hoc in monte, vivo fonte, potantur oviculae:
Esum vitae, sine lite, congestant apiculae.
Nectar clarum, scripturarum, potant liberaliter,
Bibant, bibant, vivant vivant, omnes aeternaliter.

Pons hohenbutc

Die Klosterkirche von St. Odilien zur Zeit der Herrad von Landsperg.
Reconstruction nach einer Miniatur des „Hortus deliciarum“, XII. Jahrh.

Inhaltlich wichtiger als der Text waren allerdings
für die moderne Wissenschaft die 240—250 Miniaturen,
davon heute ca. $^3/_4$ nach den vorhandenen Pausen publi-
ciert werden konnten. Eine dieser oft blattgrossen Miniaturen zeigt die St. Odilia, wie sie von Eticho die Schlüssel
Hohenburgs entgegennimmt; auf der Höhe des als „Mons
hohenburc“ bezeichneten Berges steht ein zweitürmiger
romanischer Bau, für den die Annahme nahe liegt, dass
er das Kloster zur Zeit der Herrad darstelle (ge-

rade so, wie ja die Kostüme, Möbel etc. jener Miniaturen
genaue Copieen der in jener Zeit üblichen sind). Ich
gebe darnach hier eine Rekonstruktion, welche sich genau
an die Miniatur Herrads anlehnt und das Kloster resp.
die Klosterkirche zur Zeit der Herrad von Landsperg,
also zu Ende des XII. Jahrhunderts, darstellt.

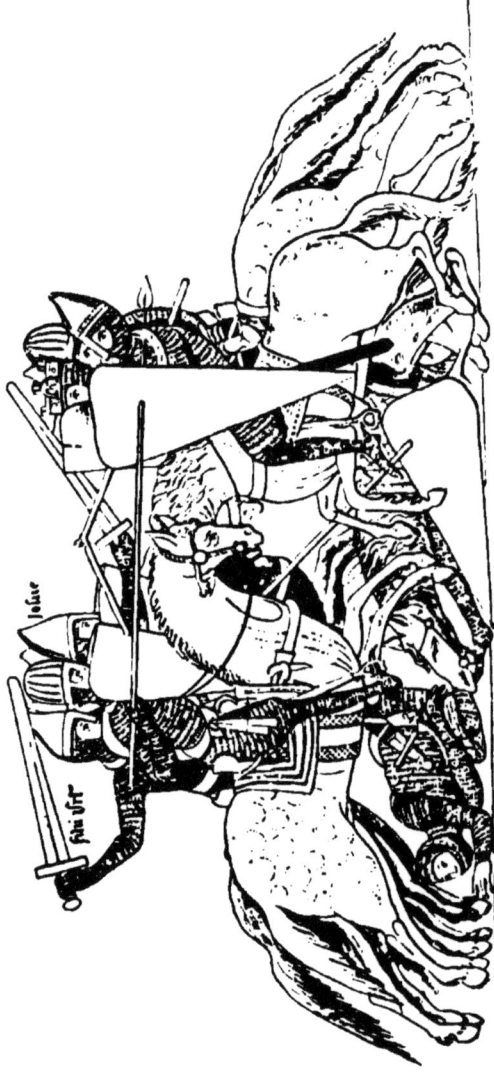

Miniatur aus dem Hortus deliciarum der Herrad von Landsperg, ca. 1180.
Darstellung eines Reiterkampfes von waffengeschichtlich höchstem Interesse. Die Ritter tragen den normannischen Helm mit Nasenschutz, einer hat bereits ein am Helm festgenietetes Visir; sie kämpfen mit langen Lanzen und breiten Schwertern, und sind durch lange Holzschilde und dichte Ringbrünnen geschützt.

XX.

Odilienberg-Litteratur.

Es ist hier nicht der Ort für eine erschöpfende Biblio-
graphie des Odilienberges, aber es scheint mir immerhin
angebracht, eine kleine Übersicht über die hauptsächlichste Litteratur des Berges zu geben, über seine Pilger-
führer, seine ältern und neuern Fremdenführer, über die auf
die Legenden, die Geschichte und die Monumente bezüg-
lichen Schriften, und über einzelne Periodica, in welcher
der Berg nach dieser oder jener Richtung Behandlung gefunden hat. Auf Vollständigkeit macht dies Verzeichnis
natürlich keinerlei Anspruch.

Albrecht, Dion., Pater. Anführungen der Wallfahrter auf
den heiligen Odilienberg. Strassburg 1736.
— Dionysius (damals Prämonstratenser-Oberer im Odilien-
kloster) History von Hohenburg oder St. Odilien-Berg.
In vier kleine Theil verfasst u. s. w. Schlettstadt 1751.
4°. Mit Kupfern.
Assmus, Rob. u. Karl Stieler. Bilder aus Elsass-Lothringen.
Stuttgart, Paul Neff, 1876.
Baehr, Ch. Note sur le Heidenmauer de Sainte Odile (Con-
grès scientifique à Strasbourg), Paris 1843.
Baquol-Ristelhuber. L'alsace ancienne et moderne. Stras-
bourg, 1865.
Bleicher u. Faudel. Matériaux pour une étude préhistorique
de l'Alsace. Colmar, 1878 u. 1880.
Bernhöft. Strassburg, Metz und die Vogesen. Strassburg.
Heinrich, 1894.
Bartholdy, P., Prof. St. Odilien, ein Liederkranz. Strass-
burg, Selbstverl. 1892.
**Bulletins de la société pour la conservation des monu-
ments historiques en Alsace** (Einzelnotizen und Auf-
sätze von Straub u. A. enthaltend).

8

Bussière, vicomte de. Histoire de Ste. Odile, patronne d'Alsace. Paris 1842. Desgl. in zweiter vermehrter Aufl. Paris 1853.

Delcasso, recteur de l'académie à Strasbourg. Ste.-Odile, légende alsacienne du huitième siècle. (Gedicht.) Strasbourg. Imprimerie Huber 1854. Desgl. 2. Aufl. Strasbourg 1858.

Engelhard, M. Herrad von Landsperg, Aebtissin zu Hohenburg oder St. Odilien im Elsass im XII. Jahrhundert und ihr Werk: Hortus deliciarum. Ein Beitrag zur Geschichte der Wissenschaften, Litteratur, Kunst, Kleidung, Waffen und Sitten des Mittelalters. Stuttgart, Cotta, 1818.

Euting, Prof., Dr. Julius. Siehe unter Schricker, Odilienberg. (N. B. auch die dem vorliegenden Buche beigegebene Karte ist Herrn Prof. Euting zu verdanken.)

Fink. Die Lilie von Randen. (Beschreibt in Versen das Leben der heil. Odilia, der Kirchenpatronin zu Randegg im Hegau.) Schaffhausen 1841.

Forrer, Dr. Robert. Die Heidenmauer von St. Odilien und die dort aufgedeckten prähistorischen Steinbrüche und Besiedelungsreste. Strassburg i. E. 1899.

— Die angebliche Zerstörung des Sarges der hl. Odilia während der Revolutionszeit. „Der Elsässer", 1899. Nr. 31.

Fries. Rapport sur le mur payen de Sainte-Odile (Bulletins de la société des monuments hist. d'Als. I série, III).

Franzz, Amadeus. St. Odilia. Die Legende vom Leben und Wirken der heil. Patronin des Elsasses. Nach den zehn Wandgemälden in der St. Odilienkapelle des St. Odilienklosters dargestellt. Schlettstatt, Buschmann 1880.

Gebwiler, Hier. Hystorie von der heiligen junckfrawen Ottilie. Strassburg 1521. Desgl. Neu aufgelegt durch Johann Schuttenheimer, Pfarrer zu Ottenrott und St. Nabor, mit Anhang. Freiburg im Breisgau 1597.

Grad, Charles. L'Alsace, le pays et ses habitants. Paris, Hachette & Cie. 1899.

Grandidier, abbé. Histoire de l'église et des évêques-princes de Strasbourg. Strasburg. 1778.

Gyss, abbé J. Der Odilienberg. Legende, Geschichte und Denkmäler. Mit einem topographischen Plane des Odilienberges und der umliegenden Denkmäler. Rixheim, A. Sutter, 1874. 4°, 356 S.

— Histoire de la ville d'Obernai. Rixheim, 1866.

Halter, E. Die Heidenmauer. („Illustr. Fremden- und Verkehrszeitung".) Strassburg, 1898.

Hirtz, Daniel. Der Odilienberg, eine vaterländische Erzählung für Kinder u. Kinderfreunde.. Strassburg 1839.

Imlin. Vogesische Naturschönheiten, Strassburg 1824. (Behandelt meist den Odilienberg.)

Karth, A. Der Odilienberg und seine Umgebungen. Strassburg 1825.

Kirschner, Louise. In Odilienbergs Klostermauern, Erzählung. Strassburg.

Koenigshofen, Jacob von. Elsässische und Strassburgische Chronik. Herausgabe von Schilter, Strassburg 1698.

Kraus, Prof. Dr. F. X. Kunst und Alterthum in Elsass-Lothringen. Strassburg 1876 u. 1892.

Kuhn, abbé. Die heil. Odilia, ihr Vaterland, Herkommen, Leben und Hinscheiden. Strassburg 1838 u. 1844.

J. v. K. Odilia, nach einer altdeutschen Legende. (Dichtung.) Regensburg 1863.

Laguille, L., Pater. Histoire de la province d'Alsace. Strasbourg, 1727 (mit Plan der Heidenmauer).

Lebensgeschichte der heil. Ottilia. Freiburg i. B. 1852 und Augsburg 1852.

Levrault, L. St. Odile et le Heidenmauer. Traditions, Monuments et Histoire. Colmar, 1855 (Revue d'Alsace, 1854).
— L. Die heil. Ottilia und die Heidenmauer. — Ueberlieferungen, Denkmäler und Geschichte, übertragen von F. Schwab. Offenburg, 1856. 1 vol. 8⁰

Lienhard, Fritz. Odilia. Strassburg, Schlesier & Schweikhardt. 1898.

Lyra, Pater. Historia des uhralt, heilig u. wunderthätigen Creuzes (von Niedermünster). Molsheim, 1675.

Mampell, Friedr. Joh. Die Heidenmauer auf dem Odilienberg im Elsass. Ein Beitrag zur Veranschaulichung altgermanischer und gallischer Sitten und Verhältnisse am Oberrhein. Strassburg, J. H. Ed. Heitz. 1886.

Mappus, Marcus. Historia plantarum alsaticarum. Amsterdam 1742.

Mündel, Curt. Die Vogesen, Reisehandbuch für Elsass-Lothringen. Strassburg, Karl J. Trübner, 1897.

Näher, Jul. Panorama vom Odilienberg. Strassburg, Heitz, 1888.

Oppermann, C. F. Notice sur quelques antiquités de la montagne de Sainte-Odile (Bull. de la soc. des monum. hist. d'Als. II série, I vol.). Mit Plan der „Druidenmonumente" von Gerhardt. Strasbourg, 1863.

Peltre, Hugo. La vie de Ste.-Odile, première abbesse du
monastère de Hohenbourg. Strasbourg 1699 u. 1719.
Pelter, Hugo. Das Leben der heil. Jungfrau Odilia, erster
Aebtissin des Closters Hohenburg. Strassburg 1701.
Pfefflnger, Dr. Johann. Hohenburg oder der Odilien-Berg
samt seinen Umgebungen. Mit 15 Kupfern. Strassburg,
J. H. Silbermann 1812. 4⁰.
Pfister, Prof. Charles. Le Duché mérovingien d'Alsace et
la légende de Sainte-Odile, suivis d'une étude sur les
anciens monuments de Sainte-Odile. Nancy 1892.
Der Pilger nach St. Odilien. Andachtsübungen zu Ehren
der heil. Odilia. Mit bischöflicher Genehmigung. Strass-
burg, Le Roux, 1863. 8⁰. Mit einer Lithographie der
Heiligen.
Reiner. Légendes et traditions alsaciennes. Ste.-Odile,
patronne de l'Alsace. Strasbourg 1842.
Reinhard, Aimé. Le Mont Sainte-Odile et ses environs.
Strasbourg, Fischbach, 1888. M. 20 Tafeln.
Rey, Lucien. Notice historique sur la montagne de Ste.-
Odile. Strasbourg, Dannbach 1834.
Roth, Prof. K. L. Der Odilienberg. „Alsatia." Jahrgang
1856—57.
Rothmüller. Vues pittoresques de l'Alsace. Colmar, 1836. 4⁰.
Rumpler, Canonicus. La vie de Ste.-Odile première abbesse
de Hohenbourg. Strasbourg 1804. Desgl. deutsch 1805.
— Relation des évènements qui ont eu lieu à Hohenbourg
depuis que chanoine Rumpler en est possesseur. (1804.)
Scheuermann, Wilhelm. Das Klostermuseum von St. Odilien.
(„Der Elsässer", 1899, Nr. 92 und 93.)
Schir, N. Generalvicar. Le Guide du Pèlerin au Mont Sainte-
Odile. Colmar, Ch. M. Hoffmann 1856 und 1866. 8⁰.
Mit einem topographischen Plan der Heidenmauer.
— Album de la montagne de Sainte Odile. Strasbourg, 1859
und 1864.
— Der Pilger nach dem Odilienberge. Strassburg, Chr.
Wurst 1878. 8⁰. 172 S. (Fast wörtliche Uebersetzung
von N. Schir's „Guide du Pèlerin".)
Schlumberger, Dr. Jean von. Cäsar und Ariovist. 4 Vorträge.
Colmar, Jung, 1877.
Schneegans, L. Observations au sujet du projet de restau-
ration du mur payen (Revue d'Alsace, 1857).
Schneider, Dr. Jakob. Beiträge zur Geschichte des römi-
schen Befestigungswesens, insbesondere der alten Be-
festigungen in den Vogesen. Trier, 1844.
Schöpflin. Alsatia Illustrata. (I.) Colmar, 1751. (III. Bd.)

Der St. Leonhard.

Schreiber, Dr. Heinr. Das Kriegswesen der Kelten (Taschenb. f. G. u. A. i. Süddeutschl.). Freiburg, 1841.

Schricker, Dr. Aug. Der Odilienberg und seine Umgebung (aus dem Vogesenführer). Mit Karte von Dr. J. Euting. Strassburg, Karl J. Trübner. 1874.

Schweighäuser, J. G. Auf dem Odilienberg im Herbst. (Gedicht.) Strassburg 1824.

— Erklärung des Planes der Heidenmauer und der umliegenden Denkmäler. Strassb. 1825. (auch französisch.)

— Énumération des monuments les plus remarquables du dép. du Bas-Rhin. Strasbourg, 1842.

Schweighäuser et Golbéry. Antiquités de l'Alsace, ou châteaux, églises et autres monuments. Mulhouse 1828. Sie bilden darin ab in Kupferstich (Grossfolio): Vues des Ruines de Truttenhausen et du château de Landsberg. Chapelle de la croix, construite par Ste.-Odile. Châteaux de Dreystein et morceaux du mur payen. Châteaux de Lützelburg et Rathsamhausen. Châteaux de Girbaden. Eglise ancienne de Rosheim.

Schweighäuser, fils. Notice sur les anciens châteaux et autres monuments remarquables situés entre la vallée de Barr et celle du Klingenthal. 8°.

Silbermann, Johann Andreas. Beschreibung von Hohenburg oder dem St. Odilienberg samt umliegender Gegend. Mit 20 Kupfern von Weiss. Strassburg, Lorenz & Schuler, 1781. 8°. 134 S.

Silbermann-Strobel. Beschreibung von Hohenburg oder dem St. Odilienberg samt umliegender Gegend von J. A. Silbermann. Neue Auflage, besorgt von Adam Walther Strobel. (Mit einem Atlas der Kupferstiche, welche Neudrucke von den alten Platten der Ausgabe von 1781 sind). Strassburg, bei G. Silbermann, 1835.

Spach, L. L'avant-bras droit de Ste. Odilie („Alsace", 1840, Nr. 82).

Specklin, Daniel. Architectura von Vestungen. Strassburg 1589. II. (Sagt von der Heidenmauer aus: „sie ziehe sich so weit herum, wie eine Stadt".)

Spindler, C. Illustrirte Elsässische Rundschau. Strassburg. Schlesier & Schweikhardt. 1898 und ff. (Die Heidenmauer, von Forrer, Odiliengedicht von Lienhart, diesbez. Illustrationen von Spindler.)

— Derselbe, mit Josef Sattler: Elsässer Bilderbogen. (Kunstblätter: Herrad v. Landsperg, das Kreuz v. Niedermünster etc.).

Stöber, E. Kurzgefasste Lebensgeschichte der heil. Odilia. Strassburg 1828.

— Elsässisches Sagenbuch, Strassburg, 1842.

Straub, Dr., Canonicus, und Domherr Keller. Hortus deliciarum par l'abbesse Herrade de Landsperg. Strassburg, Karl J. Trübner. 1879—1899.

Thomassin, capitaine. Le Mur payen, Montagne de Sainte-Odile. 1825. (Grosser Plan der Heidenmauer später neu herausgegeben.)

Touchemoulin, Le Mont Sainte-Odile. Album o. J. (1883).

Venator. Scenen aus dem Leben Odiliens. Strassburg 1822.

Vie et miracles de Madame Saincte-Odile. Espinal 1616.

Voulot, Prof. F. A. B. C. d'une science nouvelle: Les Vosges avant l'histoire. Etude sur les types de race, les habitations, les ustensiles, les usages etc. des habitants primitifs des Vosges. Avec 80 planches. Mulhouse 1872—75.

Winterer, Histoire de Ste.-Odile ou l'Alsace chrétienne au septième et au huitième siècle. Paris et Guebwiller 1869. Desgl. In abgekürzter, deutscher Uebersetzung. Rixheim, A. Sutter, 1871 u. 1883.

Die Heidenmauer von St. Odilien. (Zwischen Nr. 6 u. 7 des Planes, Tafel X.)

Steinrelief im Kreuzgang des Odilienklosters.
Odilia empfängt von Eticho die Stiftungsurkunde über Hohenburg.
XII. Jahrh.

Steinrelief im Kreuzgang des Odilienklosters.
Bischof Leodegar. Madonna mit Jesuskind, darunter Relindis
und Herrad knieend. XII. Jahrh.

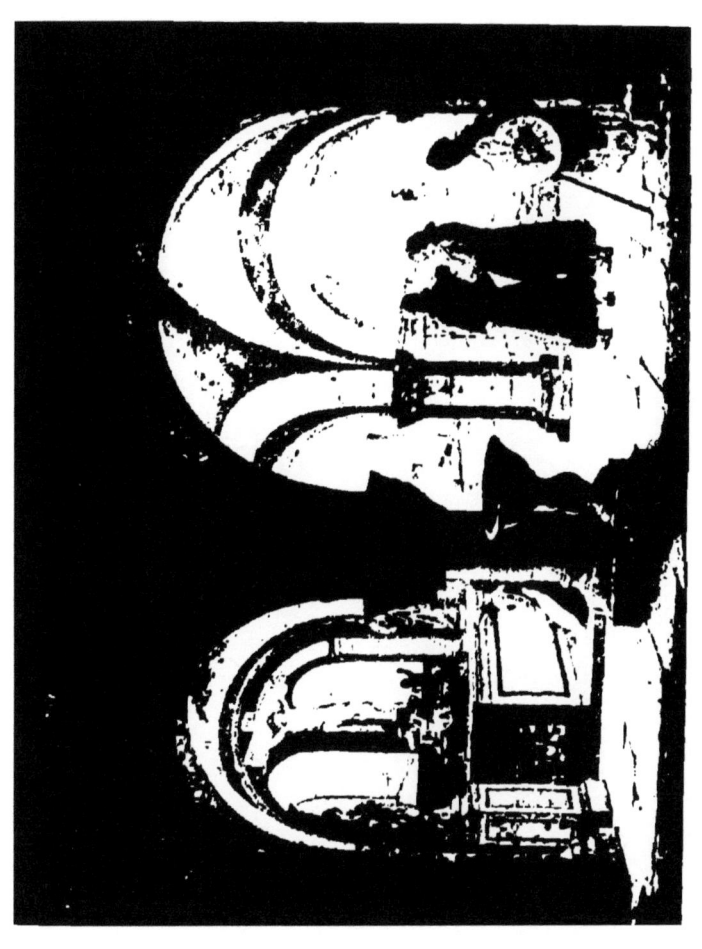

Ansicht der Kreuzkapelle, nach einer Lithographie von Chapuy und Engelmann.